JN440020

흔들리는 돛

한나 안 수필집

흔들리는 돛

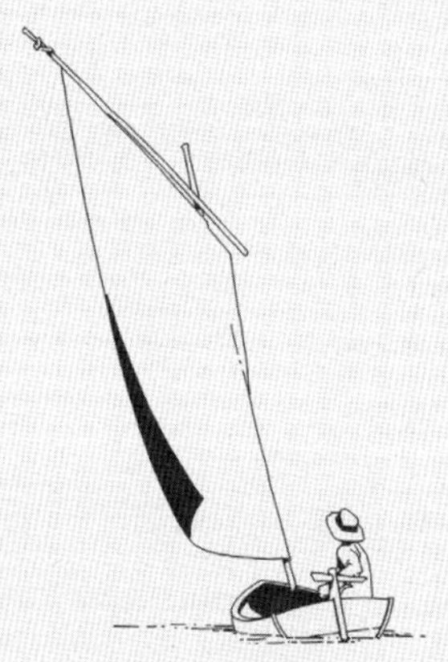

해드림출판사

목차

Part I

Part II

Part III

Part IV.

Part I

그림 속 마음

며칠 후면 미국으로 떠나는 딸과 추억에 남을 여행을 떠나기로 했다. 아침이면 잠옷 차림으로 딸 침대로 살그머니 들어가서 꼭 껴안으면 작은 곰 인형처럼 내 품에 쏙 안기며 내 목에 두 팔을 감고 자던 딸이다. 안아 볼 수도 없고 자주 만날 수도 없는 먼 곳으로 떠나는구나 하는 생각은 출국 날이 다가올수록 문득문득 일손을 멈추게 하고 호전함에 가슴이 시려 왔다.

타히티 보라보라섬 신혼여행지에서 돌아와 사위는 먼저 출국하고 딸은 미국 영주권 여권 갱신을 기다리는 중이었다. 무언가 특별한 것, 그것을 보면 엄마가 생각나고 멀리 떨어져 살아도 힘이 되는 그런 것을 떠나는 딸의 짐 속에 넣어 주고 싶었다.

푸른 들판을 가르며 달리는 자동차 안으로 사월의 상쾌한 바람이 들어왔다. 드넓은 초원의 감나무 아래 떨어진 하얀 감꽃 같은 양떼들이 군데군데 모여 한가로이 풀을 뜯고 있었다. 라디오에선 경쾌한 음악이 계속 흘러나왔다.

오클랜드에서 북쪽으로 2시간 반쯤 운전하여 목적지인 투투 카카(Tutu Kaka)에 도착했다. 생각지도 못한 장엄한 바다 풍경이 눈앞에 펼쳐졌다. 푸른 잔디로 뒤덮인 반도가 쑥 내민 팔처럼 바다를 향해 길게 뻗어 있었다. 반도 절벽 위에 지붕, 벽, 발코니 모두 갈색 통나무로 지어진 아담한 모텔이 눈에 들어왔다. 안내받은 방에 들어가 짐을 풀었다. 커다란 유리문을 밀고 발코니로 나서니 사방이 탁 트인 짙푸른 바다 위 먼 하늘가에 새털구름이 한가로이 떠 있었다. 오클랜드에서 손꼽는 여행지로 추천하던 친구의 말대로 먼 수평선까지 내다보이는 코발트 빛 바다 전경은 환상적이었다.

'너무너무 경치가 아름다워서 거기서 자살한 사람도 있대.' 하던 친구 말은 빈말이 아니었다.

다음 날 아침 딸과 화구가 담긴 가방을 들고, 챙이 긴 모자를 깊숙이 눌러쓰고는 건너편 언덕으로 향했다. 나지막한 언덕에 앉아 가져온 돗자리를 펴고 그 위에 화구들을 펼쳐놓았다. 딸과 나는 그림을 그려 각자의 방에 걸고, 서로 떨어져 살아도 나중에 엄마가 생각날 때면, 딸이 보고 싶으면 그때는 그 그림을 보기로 했다. 광고회사 디자이너로 일하고 있는 딸은 어려운 일이 아니지만, 사실 나는 조형 미술과를 졸업 후 화필을 놓은 지 어언 35년이 지나서 '무엇을 그릴까? 무슨 그림을 그려 딸에게 줄까.' 고심했다.

평소 딸은 회사에서 맡은 주문에 마땅한 디자인, 아이디어가 떠오르지 않을 때는 '엄마, 이것 어떻게 디자인해야 주제와 맞을까? 색상은 이 톤이 어때?' 하고 물으면 서로 머리를 맞대고 의견을 나누며 작품을 완성하기도 했었다.

딸은 돗자리 옆 해풍에 견디어 온 흔적을 고스란히 담고 있는 우람한 고목을 목탄으로 그리기 시작했다. 나는 건너편 물 위에, 떠 있는 듯 보이는 포구 마을과 돛단배를 그려보는데 생각처럼 잘 그려지지 않았다. 그리던 풍경화를 그만두고, 주고 싶은 말들을 담아 형상화한 추상화를 그렸다. 밑그림으로 어딘가에서 지켜보고 있을 신의 상징으로 십자가를 그려 넣고, 그 위에 커다란 눈동자를 그리고, 우주를 상징하는 원을 그린 후 그림의 중앙에 '나'라는 글자를 그렸다. 언뜻 보아서는 무슨 그림인지 잘 모르나 해설을 듣고 보면 그런가 보다 하게 되는 게 추상화이듯 내 그림이 그랬다. 내 그림을 보며 무슨 그림인가? 하고 의아해하는 딸에게 내가 주고 싶은 말을 담은 그림의 뜻을 설명했다.

"십자가는 힘들 때 기도하고, 눈은 네가 어디에 살든지 엄마가 항상 너를 지켜보고 있다는 뜻이야. 네가 부르면 언제든지, 어디든지 달려갈게." 하였다.

"중앙에 그려진 '나'라는 글자는 가장 중요한 것은 나 자신이란다. 항상 너를, 너 자신을 사랑하라는 뜻으로 그렸어. 내가 나를 사랑할 때 남편도 나를 사랑하게 된단다."

나는 딸에게 당부하고 있었다.

결혼 후 엄마 품을 떠나는 딸에게 주는 친정엄마의 당부도 변하고 있다. 생활이 어려워 입하나 더는 것만도 반가웠던 옛날에는 행여나 되돌아올까 봐 염려했었다. 요즈음 대부분 남편은 '어미가 알아서 할 거예요.', '엄마한테 물어봐.', '엄마 보고 해달라고 해.' 한다. 나는 없고 엄마와 아내만 존재하는 결혼생활이 딸에게만은 아니기를 바라는 마음에서였다.

목탄으로 그린 고목 그림을 내게 건네며 딸은,

"이 고목이 우리 만을 위해 살아온 엄마 같아."

그림 속에 우람한 고목은 어린나무일 때는 푸른 잎을 뽐내며 높게 자라 언덕과 마을을 멋스레 내려다보고 싶은 꿈도 많았을 것이다. 화구들을 챙겨 언덕을 내려올 때는 목과 어깨에 따갑게 내리쬐던 햇볕이 누그러진 오후였다.

다정한 친구 같던 딸과 나는 한 침대에 누워 지금껏 살면서 함께했던 추억들, 앞으로 이야기를 나누며 밤이 깊어 가는 줄도 몰랐다. 굽이굽이 해안 길을 따라 집으로 오는 바다 풍경이 참 아름다웠다. 딸과 콧노래를 흥얼거리며 집으로 향했다.

아름다운 풍광의 투투카카 여행이 어제 같은데 벌써 16년 전이다. 미국에 사는 딸 가족이 지난해 더 큰 집으로 이사를 해서 내가 그려 짐 속에 넣어 준 그 그림을 이제는 집 안 어디에서도 볼 수 없겠구나 했었다.

그런데 아니었다. 내방 침대 맞은편에 걸려 있는 딸의 그림처럼, 딸이 시간을 가장 많이 보내는 이 층 화실, 볕이 잘 드는 벽에 그 그림이 걸려 있는 게 반가웠다.

청국장

"엄마, 이게 무슨 냄새야?"

코를 잡고 고개를 숙인 채 나를 흘겨보던 딸이 안 보인다. 조금 전까지 티브이에 눈을 박고 드라마 '신과의 약속'을 빨려 들어갈 듯 보고 있더니 어느새 사라졌다. 티브이도 안 끄고, 거실 창문이며 부엌문, 문이란 문은 다 열어젖혀 두고는 말이다. 외투는 거실 옷 기둥에 걸쳐 둔 채이 추운 엄동설한에 도대체 어디로 갔단 말인가?

돼지 목살을 먹기 좋게 썰어 참기름에 달달 볶는 동안이었다. 청국장을 끓일 때면, 미국에서 태어난 딸은 썩는 냄새가 난다며 얼굴을 찡그리고 어떻게 그런 것을 음식이라고 먹을 수 있느냐며 대들고는 했다. 오늘도 딸은 부엌에서 나는 썩는 냄새가 견딜 수 없어 밖으로 나가 버린게 틀림없다.

식구 중 청국장을 좋아하는 사람은 나 혼자이다. 퀴퀴한 냄새와는 달리 뚝배기에 멸치 다시물과 쌀뜨물을 붓고 양파, 애호박, 김치, 두부를 네모로 썬 다음, 청국장을 넣고 바글바글 끓여 먹으면 눈깜짝할 사이 밥 한 공기는 게눈 감추듯 뚝딱이다.

어릴 적, 친정어머니는 가마솥에 불린 메주콩을 종일 불을 때가며 삶았다. 손으로 살짝만 눌러도 뭉개질 정도로 푹 삶은 콩을 옹기 항아리 안에 볏짚을 펴서 깔고 담은 후 온돌방 아랫목에 이불을 덮어 띄웠다. 청국장이 거의 띄워질 때면 퀴퀴한 냄새가 집안에 진동했고 청국장 항아리를 묻어둔 그 방으로 들어가려면 코를 잡고, 숨을 멈추고 들어가서는 볼일을 후다닥 보고는 나와야 했다. 어머니는 천일염과 청양고추를 넣어 칼칼한 맛이 나도록 하는 것도 잊지 않았다.

요즈음은 냄새 안 나는 청국장도 만든단다. 콩을 15시간 불려서 전기밥솥에 넣고 잡곡 취사 상태로 40여 분 푹 삶는다. 그걸 꺼내 채반에 담아 전기 매트나 전기방석 위에 놓고 온도를 36.5도에 맞춘 후 그 위에 담요를 덮는다. 간간이 콩 삶은 물을 부으며 하루를 두었다가 나무 주걱으로 휘저어보고 끈적끈적한 것이 실 모양으로 이어지면 그게 청국장이 된 것이다. 맛은 그대로이고 냄새는 없다는데, 나는 아직 시도할 여력이 없다.

'데일리 라이프'가 조사한 바에 의하면 세계 10대 악취 음식 중 우리나라 청국장이 중국의 취두부 다음으로 2위란다. 취두부는 두부를 삭혀 만든 것으로 역한 쓰레기 냄새가 악명 높다. 3위가 우리나라 홍어, 4위가 중국의 '피단'이다. '피단'은 새알을 점토, 소금, 겨와 함께 섞어 두 달간 발효시킨 음식이다. 내가 독일에 살 때 독일인들이 고릿한 발 냄새가 나는 벨기에의 '린 버거', 치즈 표면에 맥주를 끼얹어 발효시킨 영국의 '뷰 불로뉴 치즈'를 즐겨 먹는 걸 이해할 수 없었다.

하긴 인도의 카레는 어떤가. 어릴 때 한약 냄새가 나는 듯도 한 노란 음식을 어머니가 접시에 밥과 곁들여 내 왔을 때 먹어야 할지 말아야 할지, 식구들 눈치를 봤던 기억이 있다. 우리 아파트 같은 층 엘리베이터 앞에 인도 사람이 산다. 끼니 때면 카레 냄새가 복도에 고여 있다. 그 층 엘리베이터 문이 열릴 때면 새벽안개처럼 카레 냄새가 스멀스멀 엘리베이터 안으로 들어와 공복인 속을 거북하게 한다.

싫어도 내색을 하지 않아 속을 알 수 없는 백인들은 직설적인 말은 예의에 어긋나는 일이라 여기는지 카레 냄새가 사방에 진동해도 어깨를 들썩이며 냄새 좋다고 하며 인사한다. 고릿한 발 냄새와 같은 린버거 치즈를 끼워 넣어 만든 샌드위치를 억지로 먹으며 내가 맛있다고 한 것처럼. 그중 한 백인 집이 지난주 다른 곳으로 이사를 했다.

나는 카레 냄새가 싫어 이사하는 백인이 될 수 없다. 그런 생각 때문인지 청국장 생각이 간절히 났다. 어릴 때 퀴퀴한 냄새가 싫었지만, 나중에 즐겨 먹게 된 것처럼 내 딸아이에게도 청국장을 먹게 하고 싶은 마음도 컸다. 그런데 딸이 밖으로 나가 버린 것이다. 딸이 돌아오면 뱀 눈으로 흘기며 쌀쌀맞게 쏘아붙여야지 하고 잔뜩 벼르고 있었는데 날씨가 추웠던지, 언제 들어왔는지도 모르게 들어와서는 부엌문 사이로 얼굴을 빼꼼 내밀고 있다.

"엄마, 나 청국장 조금만 맛볼게요."

딸의 뜬금없는 태도에 놀랐지만 나는 침착한 척했다. 막 끓인 청국장 한술을 얼른 떠서 후후 불어 뜨거운 김을 식힌 후 건넸다.

"으 흠, 된장국보다 더 맛있구나."

청국장 냄새가 싫어 코를 쥐고 나를 흘겨보던 딸이다. 무슨 생각에서인지는 모르겠다. 딸은 청국장 뚝배기에 밥을 넣어 섞더니 후후 불어가며 한 숟갈 씩 퍼먹기 시작한다.

내가 나이 들어서야 구수하고 오묘한 청국장의 깊은 맛을 알게 되었듯이, 먼 훗날 내 딸도 청국장의 깊은 맛을 알게 될 때가 있을 것이다. 나, 가고 없는 어느 날, 묵은지를 넣고 푸짐하게 청국장 한 냄비 끓여 햇볕 드는 창가의 식탁에 앉은 딸을 생각해 본다.

쥐도 먹고 새도 먹고

다시 시작이다. 회사에 다니게 되면서부터는 가게 운영은 안 하게 될 줄 알았는데 한국에서 지내던 아들이 시드니에서 거주하게 되는 바람에 얼린 요구르트 체인점을 오픈하게 되었다. 가게 운영을 내가 맡아하는 편인데 직원 관리도 도맡아 하고 있다. 겨울 동안은 한산한 편이더니 날씨가 더워지니 비즈니스는 봄철에 꼬깃꼬깃 움츠렸던 손발을 펴는 영산홍처럼 북적대는 손님들로 바빠졌다.

진열대에 토핑들을(과자, 과일들) 준비하기도 하고 손님들이 몰려왔다 가고 나면 테이블을 훔치고, 의자들 제자리로 정리하면서 슬쩍슬쩍 계산기 앞 직원에게 눈을 주는 것도 잊지 않는다.

1995년, 오클랜드에서 지금 운영하는 비즈니스와 비슷한 소프트 쿠키와 커피를 취급하는 체인점을 운영할 때 일이다. 가장 번화한 거리인 퀸 스트리트 중심에 위치해서인지, 늘 손님이 많아 가게는 붐볐다.

본사에서 배달되어오는 50여 종류의 다양한 맛의 소프트 쿠키 반죽을 오븐에 넣어 구운 후 진열장에 수북이 쌓아놓고 파는 사업이었는데 온종일 바쁘다 보니 몇 개를 구워 팔았는지 셀 수 없었다.

일이 발생한 것은 카운터 계산을 맡아하던 여직원 소매 끝에서 동전 2불짜리가 가게 바닥에 뎅그렁 하고 떨어진 날부터였다. 긴소매 유니폼 옷소매 부리에서 나와 바닥에 떨어진 2불짜리 동전을 주워 들고 무척 의아하게 여겨져 그 여직원에게 물어보았더니 '아임쏘리. 아임쏘리.'만 얼굴을 붉히며 연거푸 하는 것이었다.

손님들에게 받은 돈을 더러는 계산기에 넣지 않고 그 직원은 옷소매와 목둘레로 집어넣은 후 나중에 화장실에 가서 허리춤에 수북이 모아진 동전을 옷장 안 핸드백에 모아 집으로 가지고 간 것이었다.

언제부터 그렇게 물이 새는 가죽 부대를 가게 안에 두었는지, 전혀 직원들을 의심하지 않았고, 가게 일을 맡겼었는데 어이가 없었다. 그동안 없어진 돈이 얼마였을까?

추산도 할 수 없는 채 부글거리는 속을 쓸어내려야 했다. 영수증 발급을 할 수 없는 하나에 1불 20센트, 두 개 2불짜리 소프트 쿠키이다 보니 축이 나도 바다에 배 지나가듯 흔적이 나지 않았다.

어떻게 처리해야 할지 몰라 경찰을 불렀더니, 걱정스레 상황 설명하는 나와는 달리 얼굴에 약간 웃음기까지 비치며 전혀 심각하게 받아들이지 않고, 마치 '당신은 많이 가졌으니 좀 나눠 주었다고 생각하지 그래요?' 하는듯한 표정에 기가 막혔다.

도둑질을 매우 나쁜 행위로 여기는 우리나라와는 전혀 다른 사고방식의 도둑을 가진 자가 못 가진 자에게 나누어준 것쯤으로 생각하는 또 다른 문화에 놀랐고, 괜스레 경찰을 불렀구나! 후회되기도 했었다.

새로 채용한 직원이 일에 익숙하여 지기까지 몇 달이 걸리고 일을 믿고 맡길 만한 직원을 만나는 게 흔하지 않아 쉽사리 내보내지는 못하고 끙끙거리는 날들이 계속됐다. 경찰도 도움이 안 되는 나라에 살고 있으니 지키는 일 밖에 없었다. 그때부터는 식당에서 밥을 먹을 때면 뜨거운 찌개는 빨리 먹고 가게 돌아가려고 접시에 덜어 후후 식히며 후딱 먹고는 일어섰고, 웬만한 일에는 가게 밖을 나가지 않게 되었다.

날마다 똑같은 유니폼에 창살 없는 감옥 생활이 7년이나 계속되다 보니 가게 앞을 지나는 여자들의 정장 차림 모습이 부러워지고, 스타킹 신고 또각또각 구두 소리를 내며 예전처럼 포도 위를 한들거리며 걸어보고도 싶었다. 핸드백을 메고 카페에 앉아 한가히 카푸치노 한잔 마시고도 싶은데, 그렇게 못해보고 한때는 화장실 가는 것을 참아서 인지 오줌소태까지 걸린 적도 있었다.

어느 날 가게 앞을 지나다 들른 목사님과 인사를 나누던 중, "저가 항상 가게에 있어야 해요." 웃음거리를 이야기했더니 얼굴 가득 그분 특유의 너털웃음을 웃으며,

"가을에 벼를 추수할 때가 되면 밑에는 논바닥에서 쥐가 먹고 위에서는 공중의 새가 와서 먹어요. 그러고도 사람이 먹을게 많이 남아있어요. 쥐가 먹는 것도 새가 먹는 것도 내가 다 먹겠다고 하면 주인이 무척 힘들 것입니다."

순간 꽉 움켜쥔 주먹이 슬그머니 펴지 듯 마음속에 웅크리고 있던 것들이 소리 없이 뭉그러지고 있었다. '쥐도 먹고 새도 먹고 그래, 그런 거야.' 옹졸했던 내 모습이 부끄러워 지기까지 했다. 언뜻 들으면 방심으로 들리기도 하는 이 한마디는 살면서 간간이 가을밤 보름달처럼 환

하게 내 마음 깊숙이 비치며 교훈이 되고는 한다.

조금 더 내 이익을 챙기고 싶을 때, 내 생각이 옳은데 인정을 해주지 않을 때, 누군가가 미울 때 등등 내 속이 마개를 꼭꼭 막아놓은 포도주 가죽 부대처럼 곧 터지려 할 때면 묘한 완하제로 다가와 쥐도 먹고 새도 먹고 하는 거야 하며 가슴을 넓혀주고는 한다.

회사 일을 하면서 부업으로 운영하는 가게이기에 지금은 믿고 맡길 만한 숙달된 직원이 더욱 필요한 형편이다. 워킹홀리데이로 온 매니저 N과 중요 직원인 B는 없어서는 안 될 직원이다. 자칫하다가는 마음 상해 민들레 홀씨처럼 어디로 간 줄도 모르게 날아가 버릴까 봐 지각하여도 심하게 야단치지도 못하겠고, 여직원 K는 일을 엄청나게 잘한다. 그런데 그 직원이 계산대를 맡은 날은 하루에 20불씩이 가끔 빈다. 이번 주까지만 일하고는 그만두라고 해야지 하다가도 할 말은 또 목구멍 아래로 숨어버리고 만다.

다시 시작됐다. 쥐도 먹고 새도 먹고……. 한주가 가고 또 한 달이 가고 있다.

엎어졌다가는 이내 뒤집힌다. 이 녀석을, 저 녀석도 자를까? 말까?

막걸리

저녁에 손님이 오기로 되어있어 스트라스필드 와인 가게에 들렀더니 막걸리와 소주가 진열대에 나란히 판매되고 있는 게 뜻밖이었다. 한국이 아닌 시드니에서 그것도 유명 브랜드 리쿼 숍에서 우리나라 순수한 술인 막걸리를 본다는 게 고향 사람을 만난 것처럼 반가웠다.

아마도 여러 나라로 수출되어 판매되는 듯했다. 기다랗고 네모난 플라스틱 팩에 막걸리 내용을 쓴 스티커를 몸에 두른 '라이스 와인'이라는 이름도 근사했다. 와인을 사고 막걸리도 한 병 사 왔다. 집에 와서 컵에 반쯤 막걸리를 따라 창가 식탁에 앉아 맛을 보았다.

늦가을까지 나락을 멍석에 널어 햇볕에 말려서 탈곡까지 하고 나면 시골 우리 집 농사일은 한 해 마무리를 한 셈이었다. 여름 내내 수고하였노라며 어머니는 겨울 땔감 나무를 산에서 해 나르는 머슴들과 아버지를 위하여 막걸리를 빚으셨다. 머슴들에게 어머니는 특별한 선심을 쓰신 것이다.

꼬들꼬들하게 쪄진 햅쌀 고두밥에 누룩 가루를 골고루 섞어서 항아리에 차곡차곡 넣고 물을 적당히 부은 후 담요로 두르고 그 위에 두툼한 이불까지 뒤집어씌워 술을 띄우는데 군불을 많이 때는 아랫방의 뜨끈한 아랫목은 술이 다 익을 때까지 항아리 차지였다. 며칠 후 술이 익을 때면 하얀 무명 저고리 소매를 걷어붙이고 어머니는 술지게미를 꼭꼭 짜가면서 막걸리를 거르셨다.

"막걸리는 식혜처럼 때를 잘 맞추어서 걸러야 해, 때를 넘기면 맛이 변한다."

손잡이가 달린 작은 조롱박으로 술 항아리에서 막걸리를 떠서 맛보시며, 입에 쩍쩍 붙는다고 흐뭇해하였었다.

전에 소주 공장을 운영한 일이 있으신 어머니는 여느 아주머니보다 막걸리를 참 맛있게 만드셔서 우리 집 막걸리를 마셔본 동네 아저씨들은 술맛 칭찬을 아끼지 않으셨다. 어머니는 농사일이 끝난 때만이 아니라 친척들이 모여 차례를 지내는 추석이나 조카, 삼촌들이 세배 오는 설에도 정성 들여 막걸리를 빚으셨다. 동네 도가의 막걸리는 싱거워서 못 마신다고 하면서 집에서 몰래 만드는 밀주를 말이다.

우리나라에서 전통적인 서민의 술, 막걸리의 역사는 고려 때부터라고 한다. 고려 때부터 곡주가 익어 청주와 술지게미로 나누기 이전에 막 거른 술이라 해서 막걸리라 했고, 문헌에 보면 탁주, 백주, 박주라고도 한다. 중국에서는 〈조선 양조사〉에 처음으로 대동강 일대에서 빚기 시작해서 국토의 구석구석까지 전파되어 민족의 고유주가 되었다고 한다. 놀라운 것은 요즈음 한류 바람을 타고 일본에서 막걸리 인기가 높아지며 '맛코리'라는 이름으로 판매가 되고 있다고 한다.

뚜껑을 따고 살살 흔들어서 사발에 부어 생선찌개, 구이, 묵무침 등을 안주 삼아 기쁠 때는 기뻐서 '막걸리 한잔하러 가세.' 슬플 땐 속상해서 '막걸리 한잔 해야겠어.' 화날 때는 '울화가 치미니 막걸리나 들이마셔야겠어.' 하면서 서민과 민족의 생활 속에 면면이 담겨 이어져 온 술이다.

그래서 막걸리를 마실 때는 쌀과 누룩이 발효돼 알코올이 된 누르스름한 액체만을 마시는 것이 아니라. 아버지를, 어머니를, 고향과 추억을 함께 마신다. 찹쌀막걸리, 쌀막걸리, 보리막걸리, 옥수수막걸리 등등 이름도 순박하며 밥풀이 약간 떠 있는 상태인 것을 동동주, 전체를 그대로 거른게 막걸리라 이름하였다.

청량감이 있는 상큼한 맛과 갈증을 면하게 해주고 혈액순환을 왕성케 할 뿐 아니라 식욕 증진과 피로 해소가 빨리 되는 열량이기도 하다. 예로부터 시골에서는 비가 오면 부침개 안주하여 막걸리를 마셨다. 혼자 마시다 보면 친구가 와서 자네 무슨 일 있느냐고 물으며 마주 앉아 막걸리 술잔에 담긴 서러운 달을 마시며, 근심을 나눠 마시는 시골의 인정이 한국의 마음이며 막걸리 한잔은 삶의 작은 위로이기도 했다.

어릴 적에는 막걸리가 없어서는 아니 될 식품이기도 했다. 특히나 혼인 때와 상갓집에서는 더욱 그랬다. 화기애애한 잔칫집 마당 멍석 위에 이 집 저 집에서 잔치 손님을 위해 빌려온 작은 쪽상에 삼삼오오 모여 앉아 누런 양은 주전자에 막걸리를 가득 담아 주거니 받거니 거나하게 마셨다.

취기가 오르면 잔치객들은 젓가락으로 술상, 술 주전자를 장단 맞춰 두들기며 구성지게 육자배기를 부르고 어깨춤을 덩실덩실 추며 잔치 흥을 돋운다. 상갓집에서는 밤샘을 위해 모여든 동네 남정네들을 맨송맨송 그대로 밤새우게 할 수 없어 밤새 술상이 나온다. 막걸리 한 잔씩 마시면서 고인과 함께했던 시절들 이웃끼리 이야기 나누며 슬픔을 나눴었다. 그뿐 아니라 농사철에는 피곤한 허리를 펴고 논두렁에 앉아 새참을 기다릴 때면 머리에 이고 오는 새참 함지박보다 손에 들고 오는 막걸리 주전자에 일꾼들의 눈이 더 간다고 했다. 막걸리 한 대접 마시고 나서 술기운에 흘러간 노래들 흥얼대며 농부들은 힘든 농사일을 피곤한 줄 모르고 척척 잘도 해냈었다.

어머니는 남자 손님이 집에 오면 의레껏 술상 보아 막걸리 대접을 했다. 노란 양은 주전자와 천 원짜리 지폐 한 장을 내 손에 쥐여 주면서, '도가에 퍼뜩 댕겨오너라!' 하던 게 어제 일 같다. 가난한 농촌 생활에서는 툇마루에 걸터앉은 손님에게 막걸리 한 되에, 막 지져 낸 파전 한 접시, 열무김치 한 보시기면 안주인이 내놓는 손 대접으로는 후하였다. 어느 가난한 선비 집에 오신 손님 대접을 하여야 하는데 막걸리 한 되, 살 돈이 없어서 아내가 비녀를 빼고 머리를 잘라 팔아서 막걸리를 사서 집으로 들어오면서 수건을 머리에 쓰고 왔다는 이야기가 있다.

주막집이라는 말을 나는 참 좋아한다. 잘은 모르나 아마도 이는 막걸리 집이라는 이름일 거라 여긴다. 허름한 주막집 낮은 싸리문 울타리 마당으로 들어서면 하얀 앞치마에 호들갑스러운 주모가 웃는 얼굴로 낯선 이를 반기며 호리병에 막걸리와 인주를 상에 받쳐 들고 나온다. 한잔 마시고 나면 온몸의 피곤이 풀리고 노곤한 팔다리를 쉬어갈 수 있어 등에 지고 온 봇짐을 베개 삼아 손님은 한숨 낮잠을 자고 나서 가던 길을 계속 갈 수 있는 쉼터였다.

인생도 내 앞길만 보며 외길로 발이 부르트게 걷기만 하는 게 아니라 가끔은 주막집에 들러 인생의 막걸리를 놋대접, 사기 사발에 그득 부어 친구와 마주 앉아 마셔도 좋고, 부부끼리 마셔도 좋으리라. 새큼한 맛의 막걸리에 배부르고 부담 없이 마실 수 있어 '끄윽' 하는 트림을 장단 삼아 그렇게 내 어릴 적 농부들은 애주로 많이도 마셨을 것이다.

시드니에서 막걸리는 들쩍지근한 맛이 어릴 적 사카린을 타서 휘휘 저어 처음 맛보았던 그 맛은 아니었다. 그러나 막걸리 향이 닮았고 운치가 닮았고 정성스레 막걸리를 빚으시던 어머니의 옛 모습이 거기에도 분명 있었다.

따 봉(Thumb up)

옆 차선에서 앞으로 옮겨오려고 깜빡이를 켜기에 살 늦게 운전하여 끼어들게 해주었더니 운전자가 미소와 함께 엄지를 싹 올려 보였다. 나에게 덩달아 미소가 옮겨졌다. 썸업(Thumbs up) 따 봉, 이는 언제 어디서나 웃음을 건네주는 기분 좋은 손가락 몸짓이다. 엄지를 싹 올려주면 왠지 모르게 입가에 웃음이 번지고 기분도 싹 올라간다. 아주 간단한 손가락 제스처 일 뿐인데 대단한 마력을 품고 있다. 상대방 얼굴을 보며 엄지를 세우면 찡그리고 있던 얼굴도 살 풀어지니 말이다. 어떤 문제가 해결되었을 때, 합격하였다고 할 때, 잘했다고 할 때, 통과되었다고 할 때 두루 쓰이는 핑거 제스처 따 봉은 말이 필요 없다.

손가락 몸짓이 가장 많이 유행하던 때는 세계 2차 대전

때 미국에서 전투 비행기가 이륙하기 전, 조종사는 비행기 바퀴를 고정하고 있던 물체들을 치우도록 하는 뜻으로, '이륙 준비 완료' 신호로 엄지를 올려 신호를 보냈고 관제탑은 이륙해도 좋다는 신호로 엄지를 올려 서로 응답 신호로 통했다고 한다.

로마에서는 썸업(Thumb up)은 사람을 살리고 썸 다운(Thumbs down)은 죽임을 의미했다. 예수님이 십자가에 달리시기 전 재판에서 본디오 빌라도는 엄지를 내려 죽임을 명령하였고, 씨저 역시 기독교인들 학살하도록 엄지를 내렸다.

영어를 사용하는 국가들에서는 물론이고 서부 아프리카, 이란, 그리스 등 세계 여러 나라에서도 사용하는 국제언어이다. 독일, 프랑스, 헝가리에서는 최고라는 뜻으로 사용되고, 핀란드에서는 '행운을 빈다.'라고 사용된다고 한다. 인디아에서는 '승인으로 쓰이고 엄지를 올렸으나 좌우로 움직이면 '작동 안 됨' 혹은 '반대' 의사로 쓰인다. 양쪽 팔을 올려 양쪽 손 엄지를 동시에 올릴 경우는 'high quality(고품질)'를 의미한다. 썸업은 잠수를 그만하겠다는 뜻이라고도 한다.

우리말로는 '따 봉'이다. 새끼손가락을 올리면 우리나라에서는 작은마누라로 통한다. 그리고 주먹을 쥐고 번쩍 올리면서 왼손이 오른손 팔목을 탁 잡으면 욕이 된다. 또한, 두 번째와 세 번째 손가락을 올려 둘을 꼬면 '행운을 빈다.'가 되고 두 번째와 세 번째 손가락을 세워 약간 벌리며 높이 올리면 '승리'를 의미한다.

손가락 움직임에 따라 여러 가지 뜻을, 마음을 전할 수 있음이 놀랍고, 언제부터 사람들이 이런 손가락 몸짓을 사용하여 서로 통하게 되었는지 재미있어진다. 가끔 영어로 표현이 적절하지 않을 때, 마땅한 단어가 언뜻 안 떠오를 때 나도 썸업을 잘 건넨다. 어린이 이던, 노인이던 내가 웃으며 썸업을 보내면 상대편 웃음이 건너오고 나도 따라 웃게 된다. 왼손을 쓸 수도, 발로 표현을 할 수도 있었을 텐데 사람들은 오른손 엄지손가락만을 몸짓으로 쓴다.

어느 나라에서나 통하는 핑거 제스처, 따 봉(Thumbs up)은 기분 좋은 국제 언어임이 틀림없다. 작은 성취에 추임새를 넣어 기분을 돋우는 따 봉, 긍정의 맞장구를 쳐주는 따 봉의 위력은 사람들 사이를 가깝게 해준다.

닫힌 마음을 열어주고 용기를 심어주며 낙심과 좌절을 희망으로 바꾸기도 한다. 인정해주는 모션의 최강의 에

너지를 전달하는 손가락 몸짓! 누군가가 보내주는 따 봉은 일상의 근심들을 머리에 이고 매일매일 걷는 삶의 길 위에서 따뜻하고 평온한 기운이 사랑으로 상쾌하게 네워져 옴을 느낄 수 있다. 희망을 주고 가슴을 넓혀주는 약과 같은 썸업, 향기로 말을 거는 꽃처럼 많은 말보다 생동하는 감동을 준다.

옷깃만 스쳐 지나도 환한 봄기운이 전염되어오고 입가에 반가운 웃음이 번지는 사람이 있다. 그냥 보기만 해도 기분 좋은 사람, 많은 말을 나누지 않아도 얼굴의 미소가 잔잔한 밀어를 건네고 초록빛 하늘이 보인다. 따 봉이 웃음을 선사하듯이 가는 곳마다 스치는 사람들에게도 해바라기 같은 밝고 큰 웃음을 선사하는 사람이 된다면 무척 행복한 일일 게다. 거듭되는 사업 실패로 차창을 때리는 비바람과 싸우며 풀이 죽어있는 친구를 찾아가 추임새를 넣으며 썸업을 해 줘야지 해 본다.

보와 보자기

홰댓보! 참 오랜만에 듣는 말이다. 갑자기 오랜 세월 잊고 살았던 영애 언니가 생각났다.

몸집이 자그마하고 다부진 체구의 영애 언니는 우리 집 대식구 집안 살림을 아주머니 한 분과 도맡아 해왔었다. 그 언니가 우리 집에 온 것은 내가 초등학교 이 학년 때이다. 어머니는 고향인 장흥에서 부모가 모두 돌아가시고 할머니 댁에 얹혀사는 먼 친척뻘 되는 열두 살 소녀를 데려와 한식구처럼 여기며 곱게 길러 시집을 보냈다. 아버지 몫까지 일을 해내시느라 엄마는 늘 사업에 바빴다. 끝으로 두 동생은 영애 언니 등에 업혀 자랐다. 홰댓보라는 글을 책에서 읽으니 혼수를 장만하면서 둘째손가락 끝에 골무를 끼고 홰댓보, 옷걸이, 밥상보에 수본을 보며 수를 놓던 언니 생각이 나고 지금은 어떻게 지내는지 불현듯 궁금해졌다.

가방과 포장용 상자가 보편화하지 않았던 시절, 사람들은 보자기를 생활에 많이 이용했다. 물건을 싸서 보관하기도 편했고 접으면 장롱 사이나 구석에 끼워 두고 좁은 공간에 보관도 편하고 무엇이든 싸서 운반하는 데 편해서였다. 태초에 인간은 물건을 보관하거나 옮길 때 두 가지 방법밖에 없었다고 한다. 잎으로 싸거나 나뭇등걸 안에 넣거나 했다. 싸는 쪽이 아시아 형 보자기 문화이고 나뭇등걸을 파고 넣는 것이 서양 형 가방 문화라고 한다. 보자기 문화를 가장 많이 공유하고 그것을 발전시켜온 나라는 한국과 일본이다.

어렸을 적 어머니가 안방에서 반닫이를 열면 호기심이 일었다. 엄마의 반닫이 속은 어린 내 눈에는 작은 보물창고였다. 올망졸망 크고 작은 보자기에 싸인 보따리들이 가득했고 보따리 속에 싸인 것이 마냥 궁금했다. 어쩌다 엄마가 반닫이 속 보자기를 풀면 전에 본 적이 없는 어머니의 소품들이 광택을 잘 낸 안방 장판 바닥에 펼쳐지고는 했다. 누런 금비녀, 금가락지들도 있었고 옷을 만들려고 사두신 비단 옷감 보따리도 있었다. 여름이면 겨울옷을 겨울이면 여름옷을 보따리에 싸서 차곡차곡 반닫이 안에 보관하셨다.

얼마 전 친정 갔을 때 보라색 보자기에 수의를 곱게 싸서 장롱 깊숙이 두시고는,

"네가 저 옷을 순서대로 입혀 주렴, 노자 돈도 새 동전으로 바꾸어 주머니에 채워 두었으니 관에 함께 넣고."

어머니의 말씀을 듣는데 콧등이 시큰해졌다.

예전에는 물건을 싸는 보자기 이외에 다양한 보들도 쓰이고 있었다. 조각천들을 붙여 만든 조각보와 수를 놓은 수보 이외에 여름에 모시로 만들어 꼭지를 붙여 밥상에 덮어 파리나 먼지를 막았던 밥상보, 솜을 두어 보온용으로 쓴 겹보, 반닫이 위에 얹어 두고 이불을 때가 덜 타게 하려고 사용했던 이불보, 다듬이질과 다듬이질 전에 빨래를 쌌던 빨랫보, 한지로 오려 만든 버선본을 보관하는 버선본보 등이 있었다. 무엇보다 간짓대를 잘라 두 끝을 방 벽에 매달아 옷이 먼지 타지 않게 걸었던 횃댓보가 눈앞에 어른거린다. 방 안에서 형제끼리 술래잡기할 때면 횃댓보 뒤에 숨고는 했다.

신세대 문명에 밀려 점점 잊혀 가는 옛날 풍습물들이 횃댓보, 반닫이, 경대, 무명보자기, 십자수 등 사라져 가는 언어들과 함께 문득문득 그리워지는 때가 있다. 시어머니가 쓰시던 손때 묻은 베틀 북(실타래)과 시댁 헛간에 버려져 있던 시아버님 쓰시던 가마니 틀을 손질하여 광택을 내어 거실에 장식용으로 진열하곤 하였다.

유난히 예전 물건을 좋아하는 취향은 이곳 시드니에서도 가끔 앤틱 숍을 기웃거리며 소품들을 사기도 하고 족히 오십 년은 되었을 오래된 영국산 포셀란(Pocellan) 커피잔에 뜨거운 커피를 담아 창가 식탁에 앉아 한 모금씩 마시며 커피잔의 문양을 감상하고, 그 시대의 향취를 음미해 보고는 한다.

모가 난 물건도, 지저분한 생활용품도 보자기에 싸서 두면 감춰지고 예뻐 보이며 정리정돈이 가능해진다. 감사한 마음을 전할 때 선물을 싸서 고마운 마음을 전하고 귀한 예물을 싸서 사랑과 섬김을 전하는 보자기 마음이 새삼 정겹게 느껴지는 게 웬일일까.

보자기에 싸이면 추한 것도 없고, 잘난 것도 없는, 모양이 된다. 깨질세라, 꼭꼭 싸매 보관, 운반하고도 잘난 체하지 않고 조그맣게 몸을 접어 틈새에 숨는 보자기, 파리도 먼지도 앉지 않게 보호하며 예쁜 문양 등에 업고 감싸고 싸매 주는 보와 보자기 마음으로 상대의 마음을 헤아린다면 아침이슬 같은 영롱한 모습으로 우리는 서로의 기쁨이 되리라.

두 아이 딸린 홀아비 신랑을 따라 집을 나설 때 영애 언니는 너무 행복해했다. 대문 밖 신작로에서 내 손을 잡으며 넌 컸으니 막내를 잘 돌보라 하고는 갔다. 이제 그 언니를 만난다면 곱던 모습은 사라지고 등도 굽고 머리도 하얗게 세었을 것이다.

육십 년도 더 넘은 세월이 지난 나를 아마도 알아보지도 못할지 모르나 사기 등잔불 심지 올리며 횃댓보 수를 한 수 한 수 놓던 영애 언니를 만나보고 싶다. 만나서 마음의 보자기를 풀어놓고 손을 맞잡아 보고 싶다.

2010. 9

내가 만난 천사

새털 같은 뽀얀 구름 사이로 하얀 날개를 펴고 천사가 내려오는 모습을 상상해 본다. 천사가 내게 가까이 온다면 어느 나라 말을 쓸까. 영어? 아니면 라틴어? 성경에는 여러번 천사가 등장하는데 어느 구절에도 솔로몬이 건설한 성전처럼 천사의 모습을 자세하게 설명한 곳은 없다. 어쩌면 천사는 형체는 없고 마음과 느낌에서 오는 상징적 모습일지도 모른다는 생각을 해본다. 누구도 본 적이 없는 천사를 나는 아주 가까이에서 본 적이 있다. 그것도 두 번이나.

지난해 오월, 한국 가는 비행기 안에서의 일이다. 옆자리 아가씨가 말을 걸어왔다.

'무슨 일 있으신가 봐요?' 하며, 읽고 있던 책갈피에서 네 잎 클로버를 내게 건네주었다. 뜻밖이었다. 어떻게 내 걱정을 알았을까 하고. 초록색 풀기가 다 가시지 않은 납작하게 눌린 네 잎 클로버를 고마운 마음으로 받았다. 그녀에게 아들을 찾으러 가는 길이라고 털어놨다.

서울에서 혼자 하숙하며 회사 다니는 아들이 2주일이 넘도록 휴대전화는 메시지로만 넘어가고 소식을 알 길이 없었다. 다니는 회사, 친구들, 친척들에게 시드니에서 전화로 수소문하였지만 알 수 없었고 불길한 생각만 가득하여 더 견딜 수 없어 가장 빠른 비행기를 탔다.

서울로 가는 비행기 안에서 아들을 키우면서 못 해주었던 일들이 하나하나 떠올라 눈물이 볼을 타고 흘러내렸다. 절박할 때 주기도문을 백 번 외우면 기도 제목이 이루어진다는 어느 집사님의 체험담이 떠올라서 그 기적의 힘을 믿어보기로 한 것이다. 주기도문을 백 번을 향해 외우며 소리 없이 입술만 달싹거렸다고 여겨지는데 옆자리 아가씨가 그런 내 모습을 본 것이다. 그 아가씨의 따스한 마음 씀씀이에 감동되었다. 네 잎 클로버를 든 채 이제 갓 피어난 배꽃같이 청순한 모습의 긴 머리 아가씨를 자꾸 훔쳐보았다.

행복하게 될 사람만이 찾을 수 있다는 네 잎 클로버를 찾던 추억이 떠올랐다. 어릴 적 머리를 풀숲에 박고 엎드려 풀 냄새를 맡듯 정신없이 숨어 있는 행운의 네 이파리의 클로버를 찾았었다. 아무리 뒤져도 한 번도 찾은 적이 없던 그 행운의 잎사귀를 천사가 건네주듯, 긴 머리 아가씨에게서 받았다. 곱디고운 그녀 마음이 해질녘이면 형용할 수 없이 곱게 물들던 오클랜드 하늘처럼 환하고 아름답게 와닿았다.

또 한 번 만난 천사는, 지난해 체리부륵 근처 사슴농장에서 문학회 친선 모임 후 일이다. 일정 중 내가 속해 있던 그룹이 게임에서 일등을 하였다고 했다. 조금 일찍 자리를 뜨는 바람에 포상으로 주는 쌀 5kg은 받아오지 못했었다. 그런데, 그다음 월례회 때 내 몫을 같은 회원인 J 씨가 대신 받아 왔다며 나에게 건네주었다.

"상 받은 쌀을 집에서 뜯어보았더니 쌀이 상해서 그대로 드릴 수가 없어서 저가 새로 사서 가지고 왔어요."

내 몫을 챙겨 전해 주는 것만도 감사한 데 자신의 돈으로 다시 사서 줄 수 있는 그 마음 씀씀이가 놀라웠다. 새삼 그녀의 글 〈작은 꿈〉에서 '누군가 내 손길을 필요로한 사람에게 언제든지 손을 내밀어 줄 줄 아는 사람, 이것이 나의 소박한 꿈이다.'라는 구절이 생각났다. 글에서 뿐만이 아니라 몸소 이웃 사랑을 실천하는 초승달을 닮은 그녀의 웃는 얼굴과 함께 가슴을 훈훈하게 데웠다.

이웃 사랑이란 줄 수 있는 것을 줄 때가 아니라 줄 수 없는 것을 줄 때라 여겨진다. 쓰고 남는 것을 주는 게 아니라, 귀하게 여기는 것을 선뜻 내어 줄 수 있을 때 진정한 이웃 사랑 실천인 것이다.

이웃 사랑, 자선사업 하면 사람들은 케냐, 에티오피아, 방글라데시, 아프리카 등등 지구 반대편 낙후된 나라들을 많이 떠올린다. 얼마 전, 연예인 김혜자의 책 〈꽃으로도 때리지 마세요〉와 한비야의 〈그건, 사랑이었네〉를 읽었다. 지구촌 많은 사람들이 굶주리고 헐벗고, 병마에 시달리고 있음을 그 책들을 통해서 알 수 있었다.

그 나라의 사정을 텔레비전에 방송되던 날, 하루 동안에 수십억의 성금이 모금되었다는 사실을 두 사람의 책에서 볼 수 있었다. 가슴 한편에 울먹임이 오르내리는 것은 웬일일까? 우리나라에도 힘들게 살아가는 사람들이 많다.

섬 어촌 마을에는 개펄에서 새조개와 고막을 긁어 늙은 할머니와 생계를 꾸려가는 소년 가장도 많고 산에서 학교는 고사하고 더덕과 고로쇠를 팔아 쓰러져가는 산간 오막살이에서 생계를 유지하며 근근이 살아가는 어린이들도 많은데 싫어서였다.

왜 우리나라에 있는 빈곤한 아이들은 챙기지 않고, 이 늘의 빈곤은 눈에 보이지 않고 다른 나라 구제 사업에 매스컴까지 동원되어 거액의 기부금을 해외로 보내는 걸까. 절대 빈곤층에 대한 배려라고 생각되지만, 우리나라 구석구석부터 사랑의 실천이 이루어져야 한다고 여겨지는 나는 해외로 빠져나가는 거액의 구제금 일부라도 내가 아는 섬마을로 보내 진다면 얼마나 좋을까 생각해 봤다.

얼마 전 아이티 지진이 있었다. 힘든 처지의 여자아이 한 명, 데려와 예쁘게 키울까 하는 생각이 스쳤다. 눈을 돌려 사랑이 필요한 곳들을 찾아보아야지 해본다. 응원해주는 사람 하나 없어도 옳은 길로 행하면 별들이 점점 빛나 더 넓은 자리에 이르게 되고 세상은 좀 더 살만한 터전들로 변하리라 여기며 말이다.

네 잎 클로버 한 잎, 한 봉지의 쌀이었지만, 내게 베푼 그녀들의 사랑이 내 마음을 푸근히 데웠듯이 이제는 내가 다른 사람들의 천사가 되어주어야 할 것 같으니, 이제야 철이 드나 보다.

우선, 자비로 대학원에 다니느라 하루에 서너 곳의 아르바이트를 뛰는 조카, 졸업 때까지 도움이 되어봐야지 하고 통장 번호를 받았다. 이다음 한국 가면 가난한 섬마을 소년을 만나면 시드니 할머니가 되고 싶은데 너무 엉뚱한 기대, 이려나! 잠시나마 바다 냄새 찌든 검정 고무신을 벗고, 나와 함께 다니며 맛있는 음식도 사서 먹고 아름다운 쿠지 비치(Coogee Beach)를 손잡고 거니는 꿈을 꾸어 본다.

고마워 캥거루야

조이(Joy)는 내가 지어준 백목련 꽃나무 이름이다. 오늘 아침 공원 산책길에 마주한 조이는 상앗빛 꽃잎들을 살그머니 열며 한 송이, 백목련을 피우고 있었다. 어제만 해도 삶은 달걀 껍데기를 막 벗겨낸 듯이 말쑥한 차림이더니 도톰하고 우아한 하얀 꽃잎들을 열며 웃고 있었다. 시드니에 피어있는 어느 목련꽃보다 특별히 사랑스러워 공원 산책길이면 꼭 인사를 나눈다.

화사한 연분홍 아젤리아 울타리 옆을 살그머니 돌더니 큰길로 나서서는 쌩하니 바람을 가르며 쭉 뻗은 차도를 따라 사라지는 아들 차가 보이지 않을 때까지 나는 난간에서 내려다보고 있었다. 활기찬 모습으로 출근하는 아들을 보는 게 정말 오랜만이다. 가슴에 두 손을 포개고,

"캥거루야 고마워."

시월의 따스한 아침 햇살이 잔잔한 웃음으로 발코니 가득 채워 온다.

2017년 10월, 아들은 회사에서 무거운 상자를 옮기던 중, 허리를 다쳐 병원 응급실로 갔다. 허리뼈 4번과 5번 사이 디스크가 뒤편으로 약간 밀렸다고 하며 진료를 마친 의사는 대단한 일 아니라는 듯 소견을 말했으나 나는 무척 걱정스러웠다. 쉽사리 치유되지 않는다는 디스크 병이 하필이면 내 아들에게 일어났다는 게 다리에 힘이 쭉 빠지고 걱정이 이만저만 아니었다.

곧바로 한국으로 척추 치료하러 가야겠다는 생각에 부랴부랴 서울 나누리 척추 병원에 전화하였다. MRI 찍은 사진들을 가지고 오라고 했다. 치료가 끝나기까지 장기간 한국에 있을 생각을 하니 이런저런 일들이 발목을 잡았다. 무엇보다 회사에 지장이 있을 것 같아 쉽사리 떠나지를 못하고 주춤거리던 중, 일단은 호주병원에서 치료해 보기로 생각을 바꾸었다.

아들은 일주일에 3번 물리치료를 받고, 카이로프락틱에서 척추 교정 시술도 받았다. 한 달에 한 번씩 담당 의사에게서 경과 증명서(Work Capacity)를 받아 산재보험

회사로 보내고 이곳저곳 병원 예약시간에 맞추어 다니려니 여간 힘든 일이 아니었다. 아침이면 씩씩하게 아파트 문을 나서며 출근하던 아들 뒷모습이 몹시도 그리워졌다.

의자에 오래 앉아 있을 수 없는 아들은 침대에서 뒹굴며 거의 일 년을 보냈다. 차츰 나아져 물리치료와 카이로프락틱 치료를 받았고 이어서 산재보험회사에서 지정한 체력단련소에서 트레이너가 여러 가지 운동기구들로 체력단련을 시켜주었다. 드디어 25kg의 육중한 운동기구도 밀어낼 정도 힘이 세어졌다.

허리 아픈 증세가 거의 없어지니 IOS(회복기 환자들 직업소개소)에서 현재 환자 상태로 감당할 수 있는 직업도 알선해 주었다. 아이 케어(산재 보험회사)에서 마지막 월급의 80%를 지급해주고 또 모든 치료비를 부담해 주었다. 상상도 못했던 고마운 손길들에 진심으로 감사했다.

시드니에서는 병이 나면 무조건 한국으로 달려갈 생각부터 하게 되는데 호주에서 무료 치료받고 회복하게 되어 캥거루에게(호주) 정말 감사했다. 어느 병원을 가도 직원들은 서두르지 않고, 짜증 내지 않고, 의료진들의 친절과 치료에 정말 놀랐다. 병원 치료가 끝난 후에는 홈 케어까지 해주는 호주 의료 시스템에 또 한 번 놀랐다. '우리가 뭐기에?' 호주가 이토록 배려해 주는가 하는 고마운 마음은 나도 뭔가 답례하고 싶은 심정까지 일었다.

낯선 이민자인 우리를 호주는 마치 캥거루가 새끼를 육아낭에서 키워서 푸른 초원을 혼자 맘껏 뛰어다닐 수 있을 때까지 키워내듯이 아들을 캥거루 육아낭에서 치료해서 오늘 아침 건강한 몸으로 출근할 수 있게 해준 것이다.

캥거루 암컷은 3배를 동시에 키울 수 있다고 한다. 첫 번째 배의 새끼는 이미 다 성장하여 새끼주머니에서 나왔지만, 어미의 젖을 먹으러 육아낭으로 오며, 이미 태어난 두 번째 배의 새끼는 앞발 만을 이용해 육아낭 속으로 기어 올라가서 젖꼭지에 달라붙어 주머니에서 젖을 먹고 자라고, 세 번째 배의 새끼는 아직 자궁에 있는 상태이다. 정착한 이민 1세대들에게, 아직 자라고 있는 이민 자녀들에게 그리고 엄마 배 속에서 자라고 있는 아기들에게도 다양한 자녀 혜택을 제공하며 육아낭이 더는 필요 없이 독립할 때까지 보살펴 주는 캥거루…….

기린 목을 빼고 하늘로 쭉쭉 뻗은 유칼립투스 나무들이 서 있는 아파트 앞 보르네오 공원에는 꽃이 피는 나무가 눈에 띄지 않았다. 어떤 나무를 심을까 망설이다 목련을 심기로 했다. 사람들의 왕래가 잦은 산책로 옆에 놓여있는 나무 벤치 바로 옆 화단에 무릎 높이만큼 자란 백목련 꽃나무를 심었다.

땅을 깊게 파고 좁쌀 같은 비료도 섞어 심었더니 오늘 아침 첫 꽃을 피운 것이다. 연둣빛 여린 잎사귀들을 뾰족뾰족 내밀며 조이는 잘 자라고 있다. 나는 처음으로 이민자로서 자랑스러운 일을 한 것 같아 저절로 어깨에 힘이 들어갔다.

어느 날 나는 홀연히 가고 없겠지만 나무는 자라, 오가는 산책객들에게 순백의 은은한 미소를 지으리라.

젓가락과 부부

얼마 전 줄리아 로버츠 주연의 '먹고, 기도하고, 사랑하고(Eat, Pray, Love)'라는 영화를 관람하였다. 이 영화를 보면서 놀란 것은 화면에 비친 인도인들의 식생활이었다. 40여 년 전 인도 친구 집에 초대되어 식사할 때 방바닥에 자리를 펴고, 음식들을 중심으로 둥글게 앉아 먹었다. 근래에 제작된 이 영화에서도 리즈가 인도인들과 둘러앉아 손가락으로 밥을 먹는 장면이 놀라웠다.

인도에서는 왜 아직도 손가락으로 밥을 먹는 것일까. 습관은 문명을 뛰어넘을 수 없는 것일까. 막대기 두 개면 해결될 젓가락을 왜, 쓰지 않는 것인지 모르겠다.

우리나라에서 선조 대대로 이어져 온 젓가락을 쓴 지혜가 대견하게 여겨진다. 손가락으로 밥을 먹는 인도인들을 볼 때면 더욱 그렇다. 가늘고 뾰족하게 만든 막대 한 쌍. 한 짝을 엄지와 집게손가락 사이에 끼우고 아래쪽 젓가락은 고정한 채 위쪽 젓가락만을 움직여 두 젓가락 사이에 음식을 끼워 음식을 흘리지 않게 왼손으로 받치면서 입으로 가져온다.

젓가락은 톡 하고 상 바닥에서 키를 잰 후 발부리를 나란히 맞춘 다음 반찬으로 간다. 반찬을 쉽게 덥석 나를 때도 있지만, 밥알 하나 콩알 하나를 나를 때면 뾰족한 젓가락 끝을 모아 이만저만 애써야 하는 게 아니다. 너무 세게 집으면 튕겨 나가고 약하게 집으면 잡히지 않는다. 마치 연애 시절 가까이 가려면 멀어지고 돌아서려면 다가오던 애인처럼.

아기가 태어나 첫돌이 지나면 차츰 밥 숟가락질을 익히고 몇 년 지나면서부터는 젓가락질하는 법도 배우게 되는데, 성인이 되어서는 세상이라는 펼쳐진 밥상 앞에서 한입 크기의 맛있는 반찬을 날라 오는 젓가락질 법은 아무도 가르쳐 주지 않는다. 먹어도 되는 반찬과 먹어서는 안 되는 것을 말이다. 때로는 소화불량에 걸려 토하기도 하면서 세월 따라 스스로 배우게 된다.

두 살 위 언니와 형부가 많은 재산을 모으고 칠순 넘도록 오순도순 잘 사는 것은 순전히 젓가락질을 잘해서인 것이라고 여긴다. 키가 훤칠하고 호남형인 형부에 비해 언니는 피부가 곱고 아담한 체형의 전형적인 아줌마 스타일이다. 누가 봐도 언뜻 외모로 보기엔 썩 어울리는 한 쌍은 아니다. 연애 시절 형부 애칭은 '영'이었고 언니 애칭은 '원'이었다.

함께 영원히(Forever with you) 닭살 돋는 호칭이라고 그때는 생각했었는데 그 사랑의 뱃심이 이제는 흔연스러이 여겨지고 아름답게 느껴지기까지 한다. 살짝살짝 대화 중에 배어 나오는 형부의 풍부한 유머와 추운 겨울날 멸치 국물에 맛을 낸 어묵처럼 따스한 느낌을 주는 언니는 지금도 부엌에서 형부 입맛에 맞는 반찬을 직접 만든다.

어쩌다 언니가 서울 아들 집에 다녀올 때면 형부는 잠이 안 온다고 하면서 밤차가 도착하는 새벽부터 기차역에 나가서 언니를 모셔온다. 언니와 형부는 다른 사람들이 먹을 반찬을 싹둑 잘라온 적도, 상처를 내면서 포크로 찔러 날라온 적도 없다. 늘 한쌍의 젓가락처럼 둘이서 반찬을 날랐고, 살아오면서 남의 반찬들을 덥석 집어와 포식하지도 않았다.

부엌 서랍 안에 뒹구는 외짝 젓가락은 아무리 잘생긴 고급 젓가락이어도 쓸모가 없다. 그리고 왠지 초라하다.

값싼 나무젓가락 한 짝으로라도 받쳐 줄 때 젓가락 행세를 할 수 있다.

요즈음 들이 우리나라에서도 젊은 층 이혼이 많아지고 예전과는 달리 황혼 이혼도 많아지는 추세라고 한다. 점점 기우는 그믐달처럼 부부의 존재가 작게 느껴져 가는 황혼에, 짝을 잃지 않고 오래 함께 사는 것만으로도, 행복이라 여기고 찬장 구석에 짝 잃은 젓가락 신세가 아닌 것을 축복이라 여기며 살아야 할 것 같다.

그 남자의 눈물

뉴스가 끝나고 한참을 지나서도 그 남자의 눈물 젖은 얼굴이 눈앞에 어른거린다. 절반으로 접힌 하얀 손수건을 양복 주머니에서 꺼내 가만가만 눈시울을 누르며 소리 없이 눈물을 닦아내고 있던 그 사람은 평창 동계올림픽에 참석한 북한 고위급 간부 Y. N. Kim이다.

북한에서는 손꼽히는 권력자 중의 한 사람이며 막강한 권력을 지닌 그가 김여정과 나란히 관중석에 앉아 공연이 끝날 무렵 북한 가수와 남한 소녀시대가 손잡고 마지막 피날레 〈우리의 소원은 통일〉을 부를 때 기립한 관중들 속에서, 입술을 달싹이며 이 노래를 함께 부르고 있었다.

16년 만의 남한 공연, 역대 최대 규모의 140명의 북한 삼지연 관현악단의 서울 공연이라고 한다. 어떤 눈물이었을까? 질문이 올라왔다. 노래가 주는 가사 내용에서였을까? 아니면 그 사람 또한 이산가족의 아픔을 지녔기에, 남한에 두고 온 부모 형제 고향을 그리는 눈물이었을까? 경기장을 꽉 메운 관중 속에 어쩌면 내 부모 형제, 내 친척이 있지나 않을까 하는 마음으로 실눈을 하고 관중들 얼굴을 살피지는 않았는지? 시골 학교 인자한 교장 선생님 모습을 닮은 그 남자는 소리 죽여 울고 있었다.

전통과 현대가 조화를 이룬 화려하고 성대한 평창 올림픽 개회식, 92개국 2,920명의 선수가 참가한 이번 동계올림픽은 아시아에서는 두 번째 치러졌다고 한다.

지붕 없는 개방형 구조의 원형경기장에서 레이저로 하늘로 쏘아 올린 오륜기와 다채로운 모습의 아이티 기교에 '와!' 하는 탄성이 절로 났다. 북한 아이스하키 여자 선수와 한국인 남자 선수가 함께 푸른색의 "한반도기"를 들고 흰색 롱패딩 차림으로 경기장에 등장할 때 관중들은 기립하여 환호하였다.

정선아리랑과 싸이의 강남스타일이 배경음악으로 흐르고 개회식에 입장하는 각 나라 선수단 중에 '통가' 선수단은 영하의 날씨도 개의치 않고 웃통을 벗고 웃으며 힘차게 자기 나라 국기를 흔들며 입장하여 관중들의 웃음을 자아내기도 했다. 남북이 하나 되어 평화 올림픽 실현은 한 편의 겨울 동화로 전 세계에 의문을 남기는 것 같다.

텔레비전에서는 연신 한국의 아름다운 풍경을 담아내고 있었다. 방송에서 비춰주는 충북 단양이라는 마을이 참 아름답다. 저곳에서 사는 것은 어떨까? 하던 참이다. 이모저모 한국 생활의 매력에 빠져 다시 한국에서 살고 싶은 마음이 올림픽 성화처럼 타오르기도 한다.

고등학교 때 국어 선생님 강의 중 기억에 남는 말이 생각난다. '잔디밭에 서면 자신이 서 있는 발아래 잔디는 듬성듬성해서 먼 곳을 바라보니 그곳은 푸르고 고와서 그곳으로 갔더니 그곳 역시 잔디가 듬성듬성하고 곱지마는 않더라.' 하는 잔디의 철학. 시드니에 서 있는 곳의 잔디가 엉성해서 만은 아니다.

독일, 뉴질랜드, 호주, 세 나라에서 지내는 동안 힘들 때보다 나라마다 주는 즐거움이 더 많았으나, 밥그릇, 유리컵, 넓은 접시 돌고 돌아온 행주는 아무리 빨아도 행주이듯이 해외 생활 30년이 지나도 고향은 고향이다. 고향에서 살고 싶은 마음은 가을 들판 갈대숲을 흔드는 바람으로 허수아비를 흔드는 때가 있다.

내 고향 돌산도, 방죽포 해수욕장 바닷물 밑에 움적 많고 널려있는 검은 자갈밭 정취는 오늘도 오라 손짓한다.

김정 코드 차림의 북한 고위간부는 참나무처럼 속이 단단 한 사람일 것이다. 떠나는 날 북으로 다시 향하는 검정 세단에 오르기 전 뒤를 돌아보고 또 돌아보며 힘없이 흔들던 그 남자의 손길은, 눈물은 나 여기 남한에서 살고 싶어 하는 여운으로 바람에 실려 왔다.

마디사(Muhadesa)

마디사를 태운 낡은 승용차가 집 앞 한길을 돌아, 시야에서 보이지 않을 때까지 현관 앞에 그대로 서 있었다. 차에 오르기 전 나를 향해 손 키스를 보내준 마디사의 웃는 모습은 슬픈 얼굴 같기도 하고 기쁜 얼굴 같기도 했다. 저 아이를 다시는 볼 수 없겠구나 하는 허전함이 몰려왔다.

일 년 전 파라마타 집으로 세 들어온 마디사 가족은 방글라데시에서 이민 온 가족이었다. 중고폐차장에서 일하는 아빠와 온종일 방에서 빈둥빈둥 데는 게으른 엄마, 위로 두 살 나이가 많은 언니 하나와 아래로 두 살배기 여동생과 얼마 전 돌 지난 남동생 모두 여섯 식구다.

마디사는 사 남매 중에서 둘째다. 키가 보통어린이보다 훨씬 작은 그녀는 한 살배기 동생을 등에 업고 있을 때는 등에 무거운 짐을 지고 다니는 지게꾼처럼 힘들어 보였다. 등에 업은 동생이 흘러내리면 추켜올리는 모습은 우리가 어렸을 적 엄마들이 포대기에 아기를 등에 업고 다니던 풍경이다.

일곱 살이면 다른 아이들은 학원에 다니거나 프리 스쿨에 다닐 터인데 마디사는 집에서 어린 두 동생 돌보느라 온종일 집안에 갇혀서 지내야 했다. 그녀를 볼 때면 왠지 모르게 권정생의 '몽실 언니'가 생각난다.

새 아버지의 학대로 절름발이가 된 다리로 버티면서 동생을 포대기에 업고 돌보는 몽실 언니가 마디사 모습과 오버랩 된다. 웃는 얼굴을 본 적이 없는 그녀가 안쓰러워, 그 집에 들를 때면 한국식품점에서 과자를 사다 주기도 하고, 머리핀을 사서 머리에 꽂아 주기도 하였다.

가뭄에 콩 나오듯 한 달에 한 번 정도 내가 뒤뜰 정원관리 하려고 그 집에 들르는 날이면, 마디사 에게는 생일과 같은가 보다. 엄마 눈치 보며 집안에 갇혀 있더니 편들어 줄 사람이라도 생긴 양 업고 있던 동생을 집안에 내려놓고는 잔디밭으로 나온다. 내가 가지고 간 작은 선물들이 기뻐서 만지작거리며 내가 가는 곳마다 따라 다녔다.

지난해 산불과 가뭄이 심해서 뒤뜰에 심어놓은 감나무 묘목과 집 앞 잔디에 심은 목련들이 말라 죽을까 봐, 일주일에 한 번씩 물을 주러 갈 때면, 그때마다 마디사는 주둥이가 가느다란 어린이용 물뿌리개에 물을 담아서 나무들에 같이 물을 주었다. 종일 함께 놀아줄 친구도 없이 어린 동생들을 돌봐야 하는 그녀에게는 나의 방문이 집 밖에 나와 놀 수 있는 유일한 시간인 듯했다.

임대계약 기간 일 년이 지나고 지난해 12월 마디사 가족이 이사 간 후 집 안을 둘러보았더니 입이 다물어지지 않았다. 벽에는 두 곳이나 구멍이 나 있고 현관문은 부서졌고, 장식장 문짝은 떨어져 덜렁거리고, 부엌 가스레인지는 두 곳 버너가 작동이 안 되고 있었다

하나하나 적어 관리를 맡겼던 부동산에 이야기했더니 집 수리비가 맡겨진 보증금이 부족할 정도였다. 가정형편이 어려운 사람들이니 그만 내 돈으로 수리하자 하다가 마음을 바꿔 모두 청구하여 수리비를 받았다. 가난한 사람들에게서 돈을 받았다는 게 마음이 좀 불편했다. 일단 수리비를 받고, 뭔가 대신으로 사 주어야지 했다. 임대로 사는 동안, 남의 집을 망가뜨리거나 손해를 입히면 배상해야 한다는 것을 알게 하려는 생각에서였다.

매쿼리 쇼핑센터 내 스미글(Smigle) 학생 용품점 앞을 지나는데 마디사 생각이 났다. 올해 일곱 살이니 아마도 내년에는 학교에 갈 듯해서 책가방, 런치 박스, 필통, 물병을 사고 예쁜 어린이용 손목시계도 샀다. 돈 아까운 생각은 없고 그 아이가 기뻐할 것을 생각하니 빨리 만나고 싶었다.

뚱보 마디사 어머니에게 문자를 보냈다. 엄마와 같이 곧 왔다. 부러질 듯이 가느다란 손목에 시계를 채워주며,

“마디사는 나중에 무엇이 되고 싶니?” 했더니,

“나 변호사 되고 싶어요.” 하는 것이었다. 거침없이 하는 말에 놀랐다. 묻는 말에 대답도 크게 못 하던 아이가 어디서 저런 힘이 나왔는지 시계 찬 손목을 번쩍 들고 자신 있게 말하는 것이었다.

사랑을 받아본 적이 없는 시든 나무에 물을 듬뿍 준 격이라 할까? 같이 놀아줄 친구 하나 없이 날마다 집에서 어린 동생들을 돌보며 지내던 그녀는 분홍과 연 보라색 고급 천으로 만든 책가방 선물 세트를 받고는 힘이 불끈 솟은 모양이었다.

사랑은 모든 것을 이기게 한다는 것을 느끼게 하는 순간이었다. 늘 침울해 보이던 아이의 얼굴이 기쁨과 희망에 차는 것을 보는 순간 덩달아 나도 기뻤다.

마디사는 주저주저하더니 반으로 접힌 복사지에 파란 눈의 할머니 초상화를 나에게 건네며 수줍은 웃음을 지어 보였다. 나를 그린 것이라 했다. 다시 만나는 날 없어도 그녀가 꿈을 이루고 이다음 훌륭한 변호사가 되어 일본인 작가 구리 료헤이의 ‘우동 한 그릇’처럼 오늘 받은 책가방 선물세트가 그녀 인생의 밑돌 중의 하나가 된다면 참 좋겠다.

스쳐 간 바람

바람에 실려 온 긴 여정, 사람들은 갖가지 얼굴로 내 옷깃을 스치며 지나가고는 했다. 아픔을 주기도 하고 더러는 따스한 봄볕과 같은 따끈한 사랑을 듬뿍 안겨주기도 하며. 70세쯤 되면 노인이고, 기억력도 쇠하여 젊었을 때 일은 거의 잊고 하얀 머리에 주름투성이, 구부정한 허리는 지팡이에 의지하고 살 것으로 생각 했는데 그렇지만은 아닌 것 같다. 오래된 일, 까마득한 옛 추억이 더욱 선명하게 떠오르는 때가 가끔 있으니 말이다.

부활절 연휴가 시작되었다. 노스브릿지 쇼핑센터에서 손님을 만난 뒤, 바다 쪽으로 차를 몰았다. 시드니의 사월, 가을 냄새가 물씬 나는 플라타너스 가로수 잎들이 갈색 옷을 입고 포도 위를 뒹굴고 있었다. 조금 더 내려가니 커다란 호수를 방불케 하는 모습의 바다가 눈앞에 펼쳐졌다. 바다 쪽 물가로 휘늘어진 고목 아래 하얀 벤치가 놓여있다. 맑고 푸른 하늘 아래 잔잔한 파도가 이는, 조용한 해변의 숨소리를 듣는 게 참 오랜만이다.

보트들이 엎드려 한가하게 낮잠 자는 자갈밭을 지나 갯바위에 더덕더덕 붙어있는 굴을 돌멩이로 깨서 입에 넣어 봤다. 굴 향과 짭짤한 맛이 어렸을 때 입맛을 깨워주었다. 바짓가랑이를 말아 올리고, 젖은 모래사장에 발자국을 남기며 파도에 씻겨 하얀 맨살을 내비치는 조개껍질을 주었다. 나무 사이로 불어오는 시원한 바람에 사월을 느끼며 벤치로 돌아가 피천득 씨의 수필집을 꺼내 읽었다.

얼마 만인가? 이, 충만한 여유로움의 자유가…….

피천득의 글 〈인연〉 때문이었을까, 젊었을 때 살았던 뮌헨 시가지가 떠오르고 님펜 부르거 거리(Nymphenburger Strasse)에 있던 여섯 평 남짓 학생 기숙사 방이 떠올랐다. 세련된 외모에 훤칠한 키의 그 친구는 하모니카를 잘 불었다. 눈을 지그시 감고 오른발 앞부리를 달싹거리며, 박자 맞추어 등대지기, 마이 보니(My Bonnie)를 자주 불러

주던 친구다. 끝없이 펼쳐진 북해 모래사장에서, 젖은 모래 위에 검지로 'Forever with You'를 쓰고는 내 어깨를 꼭 안아주던 그는 지금 어디서 무엇을 하며 사는 걸까?

인제 보니 그때 그는 겨우 스물여덟 살 청년 이었을 뿐인데 어찌나 듬직하고 멋스러워 보이던지 한 학기를 휴학하고 그 사랑에 올인해도 후회하지 않을 만큼 그를 좋아했었는데……. 입술을 살짝 깨문 웃음을 물고 내게로 다가오는 듯한 훈훈한 느낌이 새삼 온몸을 감싼다. 그는 그렇게 가버린 게 아니라 내 얼굴에 주름이 늘어도 옛 모습 그대로 남아있었노라고 속삭인다. 잊거나 잊힌 게 아니라 먼지가 쌓이고 바람이 수없이 스쳐 가도 한결같은 모습으로 그냥 거기에 늘 서 있었 노라며 속삭인다…….

오래된 기억을 헤집고, 잊힌 줄 알았던 작가 미상의 독일 시 한편이 떠오른다…….

In der Weite, In der Ferne
denkt ein kleines Herz an dich
ich hab dich lieb, ich hab dich gerne
denkt deine auch an mich?
Ewig trag ich dich im Sin

Ewig trag ich dich im Herz
denke oft an jene stunde,
die shon laengst vergangen sind.

(머나먼 곳에 널 그리는 작은 가슴,
널 사랑하고 너를 좋아해.
너도 내 생각할까?
영원히 잊지 못할 내 가슴에 남겨진 순간들을
자주 생각해, 오래전 지나간 우리들의 사랑을)

어디선가 귀에 익은 하모니카 소리가 들리고 한가한 틈을 타 바람에 스쳐 간 러브스토리 영화 한 편이 바다를 배경으로 스크린에 펼쳐졌다 가는 흰 구름 속으로 서서히 사라진다. 나는 인연이 없었던 사람을 삶의 어느 길목에서 우연히 만나는 꿈을 꾸는 때가 종종 있다. 설령, 피천득의 〈인연〉에서 세 번째 만남이 된다고 할지라도.

한낮의 해가 비껴가며 잔디 위로 나무 그림자가 길게 드리운다. 무릎에 펼쳐진 책을 접고 벤치에서 일어나 곱게 물들어가는 서편 하늘을 본다.

나이 들어 하나 더 늘어 가는 것은, "그때, 이랬더라면 더 좋았을 것을……."

Part II

수필 쓰기

문학지를 읽으며 마음에 드는 구절을 메모하고 밑줄을 그으며 수필 입문을 배우는 요즈음의 나는 하인즈의 티나를 닮았다. 42년 전 독일 뮌헨에서 학생 시절 강의실이 떠오르고 청강하던 하인즈의 티나가 생각난다.

티나는 하인즈의 애견 이름이다. 그는 오래 사귀던 여자 친구가 떠나자 나무계단이 삐걱거리는 낡은 이층집에서 티나와 둘이서 살았다. 키가 작고 소심한 성격의 그는 티나를 혼자 둘 수가 없었던지 항상 분신처럼 달고 다녔다.

누런 털에 무릎 정도 키의 티나가 하인즈의 곁에서 한시도 떨어진 것을 본 적이 없다. 학교에 갈 때나 쇼핑할 때는 물론이고 잠을 잘 때도 티나는 그의 방 침대 발치에서 잔다고 했다.

하인즈가 부챗살 모양으로 책상들이 펼쳐진 강의실 안

으로 유유히 티나를 처음 데리고 들어왔을 때 나는 무척 놀랐다. 주위를 둘러보았으나 다른 학생들은 아무렇지도 않은 듯 세 할 일만 하고 있었다.

더욱 놀라운 것은 티나를 향해 싱긋 한번 웃음을 흘렸을 뿐 전혀 개의치 않는 교수님의 태도였다. 강의하는 동안 환등기 화면 끔뻑임이 뒷면 벽에 확대되어 반사될 때나, 토론, 질문이 제법 시끄럽게 오갈 때도 티나는 책상 밑 사이로 고개를 빼고 교수님을 주시하며 눈만 껌벅 일 뿐 얌전한 청강생이었다.

기말시험이 끝나면 하늘을 날 듯한 해방감으로 덜덜 거리는 폭스바겐에 예닐곱 명씩 구겨 타고 스케이트장으로 가서 빙판 위에 흐르는 음악에 맞추어 얼음판 링 위를 돌며 흥겹게 낙흐라우프(술래잡기 놀이)를 즐겼다. 그때도 티나는 내 친구들 틈에 끼어 있었다.

집에서 남은 음식, 마시다 둔 술병들을 들고 와 밤새 떠들고 노는 페테(Fete, 학생들의 작은 파티)에도 티나는 한결같이 우리와 어울렸으며, 식탁 위의 음식에 눈을 주기는커녕, 그저 우리가 노는 모습을 바라보다 슬그머니 잠들곤 하였다.

한번은 등교하면서 집에 있는 프라이팬, 냄비와 숟가락을 가지고 와서 캠퍼스 잔디밭에 모두 모이라는 학생회장의 낯선 지시가 있었다. 이런 주문을 몇 명이나 따를까? 반신반의하며 모이라고 했던 장소에 가보니 수많은 학생이 너나없이 손에 부엌 살림살이들을 들고 구름 떼처럼 모여 있었다.

지금까지는 대학교 등록금이 없었는데 이제부터는 정부에서 대학교 등록금을 부과하겠다는 신문기사로 인해 반대하는 학생들의 대모가 한창일 때였다.

우리는 경찰의 진압이 아닌 호위를 받으며 선두주자가 구호를 외치면 학생들은 프라이팬, 냄비를 숟가락으로 두들기며 대로를 행진하였다. 티나도 그 대열에 끼어 컹컹대며 구호 따라 짖어대는 통에 지켜보던 행인들이, 나도 시종일관 많이 웃었다.

아쉬움을 뒤로하고, 귀국하여 결혼한 나에게 어느 날 친구들은 뮌헨시가 담긴 그림엽서 한 장을 보내주었다. 그림엽서는 너도 함께 있었으면 좋았을 것을……. 하는 아쉬운 마음의 글로 시작되고 있었다. 티나는 그날 하인즈가 건축과 졸업 작품으로 제출하였던 켄트지로 만든 빌딩 모형의 월계관을 사각모 대신 쓰고 있었다고 한다.

나지막한 언덕 위 공원에서 내려다보면 뮌헨은 도시 중심을 가로질러 유유히 흐르는 이자르강(Isar River)을 낀 고색창연한 도시다. 도시 전체가 벽돌 빛 물감을 풀어 놓은듯 고풍스러운 빛으로, 도심 사방으로 뻗은 전차의 땡땡거리는 소리는 이국의 정취를 흠뻑 느끼게 한다. 거리에는 바이올린과 첼로를 흥겹게 켜는 거리의 악사들이 골목마다 넘쳐난다. 예술이 살아 숨 쉬던 도시 뮌헨에서의 생활이 하나하나 어제 있었던 일처럼 떠오른다.

쓸쓸한 기분이 일 때면 점퍼 깃을 세운 채 주머니에 양손 찌르고 슈바빙거 거리 카페 골목을 배회하였다. 몇 개의 크고 작은 뾰족한 드럼을 엮어 손바닥으로 연주하는 아르헨티나 드럼 연주를 불빛이 흐릿한 홀 구석 의자에 파묻혀 감상하기도 하고, 시청광장 옆 드넓은 비어호프 홀 중앙에서 친구들과 어우러져 새벽까지 춤추던 때도 있었다.

오늘따라, 횃댓보 하였더니 박물관의 수예전시품을 연상하고, 간짓대 뜻을 국어사전에서 찾았다는 신세대들과 어깨를 나란히 수필 쓰기 강의를 듣는 내 모습은 갈색 눈을 껌벅이며 청강하던 티나와 흡사하다.

환갑이 지난 나이에 젊은 세대 문학도들 사이에 앉아 수필 쓰기 공부하는 나는 김승옥의 '무진기행' 한 권을 필

사해도, 문학 서적들을 읽어도 나의 수필 쓰기는 쉬이 달궈지지 않고 물 위에 뜬 기름 격으로 진전이 없다. 삼십오년이 넘는 외국 생활 때문인지 국어 실력이 많이 달린다. 합평회 때면 내 글에는 띄어쓰기, 어순도 틀린 곳이 많다는 지적이 무성하다.

수필은 진실한 자기 고백이요 성찰이라 한다. 쉬운 듯하면서도 쓸수록 어렵고, 마음의 산책을 글로 표현하는데 애를 먹는다. 누룩과 고두밥이 한데 어우러져 새큼하고 오묘한 맛의 막걸리를 빚어내듯, 내 안에 있는 삶의 자취와 진한 숨소리가 모두 녹아 투명한 서정의 진솔한 수필로 탄생하기까지 에는 좀 더 긴 숙성의 시간이 있어야 할 것 같다.

아무도 안 사는 그림을 그리고, 아무도 안 읽을 시를 쓰면서 굶다시피 살면서도 오만과 긍지를 버리지 않는 뮌헨 슈바빙거 거리(Schwabinger Strasse) 학생들처럼, 아무도 읽어 주지 않더라도 자유롭게 글을 써 보련다.

마지막 수업까지 학생들과 함께 말없이 강의를 들었던 티나의 월계관을 생각하며.

2010. 8.

카약(Kayak) 타기와 결혼생활

아무리 이해하려 해도 쉽게 이해할 수 없는 게, 진우네 일이다. 정말 그렇게밖에 할 수 없었을까. 아침 식사를 마친 후 설거지를 하면서도, 회사에 출근해서 내내 진우 엄마의 아픔이 그대로 느껴져 마음이 가벼워지지 않았다.

이십 대 후반인 친구 아들 진우가 결혼한 것은 일 년이 채 안 됐다. 그런데 어제 들은 소식으로는 지난 주일에 이혼했다고 한다. 사연인즉, 성격이 소심한 편인 진우는 이렇다 할 여자 친구 하나 없어서 결혼하러 한국을 가게 되었고 소개팅에서 신부를 만났다. 맞선 후 얼마 있지 않아 한국에서 결혼식을 마친 후, 신부가 뉴질랜드에 와 보니 꿈꾸던 외국 생활이 아니었던지, 결혼생활 몇 달 지나지 않아 이혼하겠노라며 서울로 가 버렸다는 것이다.

진우의 이혼 문제를 어떻게 이해해야 할지 모르겠다. 결혼은 행복한 감옥이라고도 말하는데, 신세대 커플들은 어떤 사고와 마음가짐으로 이 행복한 감옥 안으로 입문하는 걸까. 새삼 궁금해진다.

감옥 담이 너무 낮아서 쉽게 넘나들게 되었는지, 어른들이 쉽게 여겨져 들고 나는지, 아니면 감옥 담이 너무 높게 느껴져 자유 찾아 뛰쳐나오는 것인지 모르겠다. 결혼이란 개념은 그 옛날 '시집살이 참고 살아라.' 하시던 친정어머니 말은 온데간데없어진 지 오래다. 결혼생활이라는 의미 자체가 가벼워진 듯하다. 아무 고속버스 휴게소에서나 쉽게 갈아타도 되는 동승 버스 손님 정도로 여기며 사는 것은 아닌지도 모르겠다.

오래전 젊었을 때 일이다. 한 뼘 크기로 통통하게 자란 민들레가 들판에 노랗게 만발한 오월이었다. 독일 뮌헨시에서 일이다. 대학교 친구들과 카약 타러 갔었다. 자동차 지붕에 카약(Kayak) 서너 개씩을 엎어 양옆을 얽어 매고는 몇 대의 차에 나누어 타고 갔다.

길 양쪽으로 펼쳐진 푸른 들판과 작은 산들을 지나 독일과 오스트리아 국경지대 쪽으로 한 시간 반을 달렸다. 넓은 벌판을 한참 지나서 차는 구불구불한 산길을 따라

상당히 높은 산꼭대기를 향해 계속 올라갔다. 얼마 후 차가 멈춘 곳은 바위들이 병풍처럼 둘러선 작은 호수, 아름나운 카약 선착장이있다.

하늘 높이 떠 있는 하얀 구름과 계곡 옆 나무들이 맑은 물 위에 비추어 한 폭의 수채화를 이루고 있었다. 더 높은 산 위에서 흘러내리는 물은 제법 넓은 계곡을 따라 카약 선착장 아래로 굽이굽이 흘렀다. 눈 아래 까마득히 보이는 맞은편 하늘가에 알프스산맥 끝자락이 흰 구름을 이고 병풍처럼 펼쳐져 장관을 이루고 있었다.

처음으로 계곡에서 타는 카약타기였다. 래프팅이나 카누 탈 때와는 달리, 카약은 갸름한 카약 한 대에 한 명씩만 타고 저 아래 호수까지 계곡을 따라 노를 저어 타고 내려가는 스포츠이다.

머리에 안전모를 쓰고 구명조끼를 입고 움푹 팬 카약 중앙에 앉았을 때는 지금까지 느껴보지 못한 이색 경험의 즐거움으로 가슴이 두근거렸다. 용기를 내어 노를 양손으로 꼭 잡고 친구들이 가르쳐준 대로 노를 저어 내려갔다.

급히 흐르는 계곡물을 타고 중간에 박힌 바위를 요리조리 피해 아래로 노를 저어 가는데, 거의 절반쯤 내려갔을 때 일이다. 물밑에 박혀있는 바위에 걸려 카약이 그만 뒤집히고 말았다. 갑작스레 얼음처럼 찬 찬물을 잔뜩 들이마시고 물속에 잠기고 말았다. 물 위로 떠 오르자 우선 뒤집힌 카약을 풀밭으로 끌어 올려놨다.

계곡을 따라 저 아래 호수까지 내려갈 일이 이만저만 걱정이 아니었다. 친구들은 모두 즐거운 환성을 지르며 추월하여 지나갔다. 나만 뒤처져 온몸에 힘이 빠지고 다리가 후들거렸다. 다시 카약을 물에 띄워 가려니 또 뒤집힐 것 같아 자신이 없었다. 버리고 걸어 내려가려니 아래쪽 호수까지는 길도 없는 칙칙한 숲이었다.

'코앞만 보지 말고 고개를 들고 먼 곳에 중심을 두고 조정해라.' 하던 앞서간 친구들 말이 떠올랐다. 다시 시도해보기로 했다. 풀숲에 엎어져 있는 카약을 물에 띄우고, 좀 전과는 달리 친구들이 일러준 대로 고개를 약간 들어 자전거를 탈 때와 같이, 눈높이를 낮은 쪽 하늘을 보며 노를 조정하여 보았다. 놀랍게도 바위에 훨씬 덜 부딪히고 카약이 아래로 흘러내려 갔다.

급히 흐르는 물살을 타고 암반 사이를 지날 때는 스릴도 있었다. 이윽고 호수에 이르니 젖은 옷에 춥고 힘들던 때는 어느새 잊고, 잔잔한 호수 물결 위를 백조가 되어 유유히 떠다니고 있었다. 넓은 호수 위를 천천히 노를 저으며 만끽하는 따스한 행복감이 이루 말할 수 없이 감미롭고 좋았다.

결혼생활도 카약타기와 같다고 여겨질 때가 있다. 함께 가는 무리는 있어도 결국은 혼자 노를 저어 가야 한다는 것 말이다. 즐거운 줄만 알고 갔던 카약타기에서 그랬듯이 결혼생활에서도 때로는 물밑에 숨겨져 있던 이끼 낀 암초에 걸려 뒤집힐 뻔할 때가 더러 있었다.

그날 난 뒤집힌 카약을 다시 띄우지 않고 카누타기를 포기했었다면 어찌 되었을까. 그리고 힘들던 순간 결혼생활을 포기했었다면 어찌 되었을까 생각해보는 때가 있다. 사람이 살아가는데 행복과 불행의 차이는 아주 작은 마음가짐 차이라고 한다. 세상을 떠나신 일엽 스님의 '마음…… 마음이 문제에요.'라고 하셨다는 마지막 말씀처럼.

눈높이를 조금만 낮추면 결혼생활도 바위와 바위 사이를 돌고 돌아 잔잔한 호수로 내려간다는 것을 이제는 안다. 지금도 계곡의 물은 흘러 호수로 향하고 아직 끝나지 않은 내 인생의 카약타기는 계속되고 있다. 많은 세월이 지난 지금 내가 다시 카누를 탄다면, 신혼이라면, 이제는 능숙하게 노를 저어 암초와 바위를 피하며 호수에 이를 수 있을 것 같다.

진우 이혼이 매우 안타깝다. 진우 엄마는 아들 부부의 목소리를 좀 더 들어주며 높낮이를 조절해줄 수는 없었을까. 코앞만 보지 말고 조금만 더 먼 곳을 볼 수는 정말 없었던 것일까.

남의 일처럼 여겨지지 않는 안타까운 마음이 오후 내내 가슴속을 짓누른다. 자존심이 무척 센 진우 엄마, 전화를 걸어 무어라 말해 주어야만 할 것 같은데, 글쎄 무슨 말은 해야 할지 선뜻 떠오르지 않는다.

2012. 9

황혼 진풍경

지난 사월 한국에 갔었다. 롯데백화점 식당가에서 친구들과 만나 오랜만에 수다를 떨며 노닥거렸다. 50년 지기 학교 동창들 70세 할머니들 모임이었다. 얼굴이 많이 변했으리라 생각하고 갔는데 뜻밖이었다. 그날 모인 친구들 대부분 얼굴 피부가 탱탱하고 윤기까지 돌아서 어리둥절했다. 70대라고 하기엔 전혀 믿어지지 않는 얼굴들이었다. 목은 주름졌는데 얼굴엔 주름 하나 없었다. 젓가락을 움켜쥔 손등에 구불구불한 퍼런 힘줄이 눈에 띄었다.

동창 중에서 네가 제일 젊다는 말을 기대하고 한국 가기 전 얼굴 검버섯을 쏙 빼고 말쑥하게 화장을 하고 나갔는 데 웬걸, 그네들 속에 앉은 내 모습은 옷차림도 그렇고 영락없는 시골에서 막 올라온 촌닭이었다.

“와 너희 하나도 안 늙었네!” 했더니 내 옆자리에 앉았던 친구 말이,

“야, 재네들 다 뭐 헌거야 뭐 헌거라고.” 하며 웃었다. 얼굴들을 자세히 봤다. 아닌게 아니라 뭐 한것이 틀림없었다.

“얘, 너도 서울 온 김에 땅기고 시드니 가면 좋겠다. 너 눈 밑에 잔주름이 많아, 째고 위로 붙이고 가라.”

그렇잖아도 움츠러들었는데 금방이라도 메스가 내 눈 밑으로 오는 듯해서 섬뜩했다. 땅기지 않은 내 얼굴이 현대 감각에 뒤처진 느낌까지 든 것은 웬일일까. 내 앞에 앉은 친구는 볼이 탱탱한 게 50살 때 봤던 얼굴이고 볼에 붉은 기운마저 돌았다. 그 옆에 앉은 친구 역시 주름 하나 없는 팽팽한 얼굴이 17년 전 부산에서 만났을 때와 똑같았다.

불판 위 전등에 비쳐 얼굴 피부가 반들반들하기까지 했다. 내 바로 옆에 앉은 친구를 봤다. 부석부석한 얼굴이 마치 해산하고 며칠 안 되어 방에서 나온 산모 얼굴이었다. 아마도 보톡스를 곱빼기로 잘못 맞은 듯했다. 그 친구는 우리 클래스에서 자타가 미인으로 인정하던 친구다. 정수리 머리카락이 빠져 모자를 쓰고 나와서 길에서 만났더라면 모르고 지나칠 정도였다.

“제네 다 뭐 헌거야, 뭐 헌 거라고.” 하던 친구 말이 가

는 곳마다 눈에 띄었다. 옷가게 계산대에 앉아 있는 아주머니 얼굴도 뭐 헌 것이 분명했다. 굵게 만들어진 쌍꺼풀이며 얼굴만 반들반들 윤기가 돌았다. 뭐 헌 거 틀림없는 나이든 할머니 아주머니들을 서울에서는 흔하게 볼 수 있었다.

할머니들뿐만 아니라 할아버지도 당기기를 한다고 했다. 눈썹 문신을 하고 다니고, 코 수술까지 한 친구 오빠를 보니 기가 찼다. 독신인 그 오빠는 칠순 중반인데도 아줌마들에게 인기가 많아 해외여행을 달고 산다고 했다.

요즈음 서울에서는 80 넘은 할머니 할아버지들도 쌍꺼풀 수술을 많이 한다고 한다. 말로는 자기만족이라고 한다. 손등에 힘줄이 퍼렇게 올라오고 목은 주름투성이인데 얼굴만 팽팽한 할머니들 모습을 보노라면 머잖아 해가 서산에 넘어갈 인생에 얼굴만이라도 회춘하여 착각하며 살고 싶은 갈망에 몸부림치는 듯하다.

노후의 얼굴은 살아온 인생을 나타내고 자기 얼굴에 책임을 져야 한다고 말하는데 당기기를 한 팽팽한 얼굴들 속에서 외형의 얼굴 모습만으로는 나이를 알 수 없다. 먹고 살기 힘들었던 1960~70년대에는 이런 생각들 못 하고 살았다. 생활 수준이 높아져서 기술도 좋아져서인 듯하다. 한국에서는 할머니들 사이에 당기는 것이 최대 관심 화제라 한다. 속은 사위어 가고 허허해지는데 얼굴만 당겨 뭘 하겠다는 걸까?

며칠 전, 유튜브에서 배우 윤정희의 근래 모습이 눈을 끌었다. 70세라고 보기엔 잔주름이 많은 얼굴인데 웃는 모습이 참 예뻤다. 당기기를 전혀 안 한 얼굴이었다. 댓글 중에 '손대지 않은 모습이 정말 예뻐요.'라는 글귀가 올라있다.

내 눈에도 그녀의 모습이 예쁘다. 수수한 옷차림에 말씨도 수다스럽지 않고 화사한 미소를 머금은 소박한 품위에 마음이 끌렸다. 자연스럽게 늙어가는 이를 보면 참 고와 보인다. 참 아름다운 인생으로 부러움까지 인다. 이들은 늙지만 낡지는 않고 몸은 늙어도 마음과 인격이 더욱 새로워지는 듯하다. 나이가 더 많아질수록 인간 경륜에서 품어 나오는 원숙한 자태의 향기 일개다.

아주 오래전에 샘터 뒤표지에서 읽은 기사이다.

어느 날 두 눈을 가진 사람이 한쪽 눈만 있는 사람들이 사는 마을에 갔었다. 그랬더니 한쪽 눈을 가진 사람들이 몰려와 정상이 아닌 이상한 사람이 왔다며 달려들어 한쪽 눈을 뽑아버려 그 사람도 한 눈이 되고 말았다는 우화이다.

나는 분명 두 눈을 가졌는데, 친구들 사이에서 무엇이 정상이고 무엇이 비정상인지 모르는 시대에 살고 있다는 느낌이 들었다. 당기고, 째고 한다고 시산으로 지는 헤를 더 느리게 질 수는 없을 것이다. 윤정희의 손대지 않은 얼굴이 당기기를 많이 한 배우 M. Jang 보다 더 예쁘다. 인생의 오후를 사는 친구들, 나이 들며 얼굴보다 마음의 주름이 잡혀가는 탓이리라.

동창 중, S가 슬그머니 일어나 화장실 가는 체하더니 계산대에서 그날 식대를 몽땅 내고는 소리 없이 앉았다. 상당히 많은 돈이었을 텐데 싶다. 마음 씀씀이가 포근한 이 친구는 부산에서 KTX를 타고 나를 만나기 위해 서울로 올라온 친구다.

성격이 유해서인지 어려움 없이 잘 살아온 것으로 알고 있다. 반들거리는 얼굴들 속에서 입 양쪽으로 밭고랑처럼 주름이 팬 자연 그대로 모습의, 성형수술을 전혀 하지 않은 그 친구가 그날 제일 예뻐 보였다.

울 엄마

며칠 전 어머니 장례식을 치르고 시드니로 돌아왔다. 내내 가슴 가득 어머니 생전 모습이 눈에 어려 일이 손에 잡히지 않았다.

그날은 여느 일요일과 좀 달랐다. 가슴에 어머니 영정 사진을 안고 집 구석구석을 천천히 한 바퀴 돌았다.

"엄마, 여기는 내 방이고, 여기는 욕실이고, 여기는 뒤뜰 정원이에요."

살아 계실 때 엄마와 다니던 것처럼 집 안팎을 보여드렸다. 그리고는 차 안쪽 앞 유리 중앙에 테이프로 엄마 영정 사진을 창밖 풍경들이 훤히 잘 보이도록 고정하고는 시드니 시내 구경시켜 드리려고 집을 나섰다. 레인코브에서 시내로 건너가는 안작 브릿지(Anzac Bridge)를 지나면서 엄마에게 말을 건넸다.

"엄마, 이건 참 아름다운 다리야. 시내가 다 보이고 풍경이 아름답지 그지?"

"그려, 참말로 존디서 산다야."

회사 앞에서,

"엄마, 여기가 내가 다니는 회사야."

"여가 니가 댕기는 회사라고 야, 집에서 솔차니 멀겠다."

상가와 하늘을 찌를 듯이 치솟은 고층빌딩이 밀집한 시드니 중심 조오지 거리와 윈야드 역을 지나 오페라 하우스 광장에서 바다를 향한 난간에 기대어 시원한 바닷바람을 맞으며, 영정 사진을 안고 두루 돌며 엄마에게 눈앞에 펼쳐진 시드니 항구 이곳저곳을 보여드렸다. 그리고는 차를 몰아 쿠지(Cooge) 비치로 향했다.

늦가을, 사람은 거의 없고 옷깃을 여미게 하는 서늘한 바닷바람이 가슴 깊이 스며들었다. 공원 쪽 산책로를 따라 내려가 사람 키를 넘는 큰 바위들로 성을 이룬 암벽들 사이 평편한 바위 위에 엄마와 둘이 앉았다. 밀려왔다 부서지는 파도 소리가 시원했다. 넓고 단단한 가슴을 가진 바위들은 파도가 밀려와 하얗게 부서지며 흔들어도 바닷물에 반쯤 몸 담그고 꿈쩍하지 않고 누워, 끝없이 밀려오는 파도의 쏟아내는 앙탈을 묵묵히 받아주고 있었다.

엄마 사진을 바다 쪽으로 향하고 다시 엄마에게 말을 건네 보았다.

“엄마, 여기 시원하고 아름답지 그지?”

“그려, 속이 시원하고, 갱치가 참말로 좋다 이잉.”

엄마 목소리가 들리는 듯했다.

엄마 모습 중 유난히 기억에 남는 것은 초등학교 3학년 겨울 새벽 모습이다. 창호지를 바른 안방 문이 벙긋 열렸었던지 찬기에 새벽잠에서 깨어 마루로 나오니, 낮에 널어 둔 빨랫줄의 옷들에 고드름이 주렁주렁 열린 뒤로, 소복 차림의 엄마가 장독대 바닥에 꿇어앉아 빌고 계셨다.

평소 엄마 모습과는 전혀 다른 흰옷 입은 천사같이 아름다운 자태였다. 곱게 빗어 넘긴 낭자머리 정수리와 비녀 위로 달빛이 비치고 큰 장독 위 정화수 사기 사발 테두리에도 겨울 달빛이 은빛으로 내리고 있었다. 엄마는 마음에 근심이 드리울 때면 새벽에 일어나 두레박으로 길어낸 차가운 우물물에 세수하고 흰 옥양목 치마저고리를 차려입고 자식들 잘되게 하여 달라고, 입학 때면 빠지지 않고 빌었다.

작달비가 주룩주룩 내리는 여름 장마 때면 마루에 뒹굴며 노는 우리에게 야들야들하게 자란 연둣빛 애호박을 채 썰어 부침개 부쳐 주시고, 6·25동란 때 피난살이 이야기, 일제 강점기 때 일본에서 사실 때, 후지산 밑 눈 덮인 마을로 다니며 비단 장사하여 엄청 많은 돈을 벌었다는 이야기도 들려주셨다.

겨울 햇볕이 잘 드는 마루 한쪽에 단단한 화강암 다듬이와 박달나무 방망이가 놓여 있었다. 경쾌한 가락과 운율이 실린 다듬이 소리가 좋았다. 다듬이질하는 엄마 마음마저 거기에 보태어져 어떤 때는 아이의 웃음처럼 튀는 듯 가볍고 빠른 가락으로 두들기고 어떤 때는 긴 한숨처럼 무겁고 느린 가락으로 두들겼다.

엄마의 낭자머리는 파마머리로 변했지만, 고쟁이 주머니 속 열쇠 꾸러미는 그대로였다. 구십 한 살, 돌아가실 때까지 엄마는 고쟁이 안주머니에 한발쯤 길게 끈을 매어 한쪽은 옷핀으로 고쟁이에 고정하고 다른 한쪽 끝에는 대문 열쇠, 광 열쇠, 안방 열쇠를 묶어 주머니 끈에 매달아 항상 몸에 지니고 다녔다.

포카레와레와레(Pokarewareware) 뉴질랜드 민속 가요가 울려 퍼지는 로토루아에서 큰 바위들로 축대 벽을 이룬 야외 온천장 유황 온천수에 몸 담그고, 작은이모와 어린아이처럼 깔깔대며 밤늦도록 이야기 꽃을 피우셨다.

한국에 돌아가셔서, 혀를 내밀고 마른풀을 엮어 만든 치마를 걸치고 춤추는 마오리 민속촌 방문 이야기, 썰물 때에 바닷가에 갔더니 조개를 캐는 게 아니라 바닷물이 빠지니 조개가 지천으로 널려있어 두 손으로 쓸어 담아 들통 그득 들고 왔었다는 이야기 등을 엄마는 신명 나게 친구들에게 들려주셨다.

엄마는 그 후로 허리를 다치셔서 비행기를 탈 수 없어 시드니에 오실 수 없으셨다. 그래서 영정 사진을 들고 구경시켜 드린 것이다.

수의 손수 준비해 두시고 영정 사진 찍어 액자에 넣어 장롱 속에 둔 후로는 떠나야 하는 일에 얼마나 서러우셨을까? 사주쟁이가 명이 짧다고 한 말만 믿고 언제 가는지 모른다며, 작은 섬들과 연륙교 다리가 눈 아래 보이는 양지바른 산 중턱에 가묘(빈 산소) 마련해두고 잔디 심어 가꾸기를 삼십 년, 산소 옆 작은 소나무들이 키를 넘게 훌쩍 자라 울타리를 이루었다. 엄마의 낭자머리는 파마 머리로 변했지만, 고쟁이 주머니 속 열쇠 꾸러미는 그대로였다.

검버섯이 돋아난 주름진 얼굴에 어린아이 같은 함박웃

음 짓고 나를 반기던 엄마 쿠지 비치 바위 위에 엄마와 앉아 있노라니 바닷바람을 타고 엄마의 열쇠 꾸러미 흔들리는 소리가 은은히 들리고 장독대에서 비손하시던 흰옷 차림의 모습으로 금방이라도 내게 다가올 듯하다.

때와 시기

보랏빛 도라지 꽃이 필법도 한데 한여름이 지나고 아침 저녁 찬바람이 이는 5월인데도(한국 계절 11월) 꽃이 피질 않는다. 아파트 발코니에 햇볕이 잘 드는 쪽으로 텃밭을 생각하며 한 아름드리 초대형 화분 둘을 사서 화분 밑 부분에 자갈을 깔고 알맞게 흙을 채워 도라지 모종을 심었다. 코스모스처럼 목을 쭉 빼고 줄기만 가느다랗게 자라 바람에 흔들릴 뿐 영 꽃 소식이 뵈질 않는다.

지난해 친구에게서 얻어온 까만 좁쌀 같은 도라지 씨를 소중하게 간직하면서 내년 봄에 씨 뿌려 잘 길러보아야지 했는데 씨앗 봉투 둔 곳을 찾을 수 없어 봄이 지나고 12월(한국 계절 6월)에서야 파종을 하게 됐다. 작은 컵처럼 생긴 플라스틱 묘목 판에 씨를 발아시켰다. 보름쯤 지나니

씨에서 샛노란 두 쪽 얼굴을 내밀며 싹이 자라기 시작했다.

쑥쑥 잘 자랐다. 아침마다 요 녀석들 보기 위해 일찍 일어났다. 발코니로 나가서 혹시 밤 동안 쥐가 시식하지 않았나 하고 둘러보기도 하고 날마다 물을 주며 그 시중을 들었다. 발코니 화분 가득 보랏빛 꽃이 피면 무척 아름다울 거라는 기대 속에 도라지를 캐면 고추장에 박아 맛있게 먹어봐야지 하는데 꽃 소식이 영 보이질 않고 잎들만 무성하게 자랐다.

씨를 나눠준 친구 집에 가봤더니 친구네 텃밭에는 투실투실하게 자란 꽃대에 도라지꽃들이 만발했다. 친구 말인즉 파종 시기가 늦어서 일거라 했다.

얼마 전 시내 조오지 도로 건널목에서 신호등이 바뀌기를 기다리는 동안 건너편에서 이쪽 편으로 건너오려는 사람들 속에 잡지에서나 볼법한 패션모델 차림의 노랑머리 숙녀가 눈에 띄었다. 챙이 넓은 베이지색 모자에 가슴쪽은 중국 전통 옷처럼 이쪽에서 다른 쪽으로 주름을 굵직하게 넣은 디자인 상의에 인어 스타일 하얀 긴 치마는 발등까지 끌리고 있었다. 한눈에 봐도 어느 패션쇼가 끝나고 금방 나온듯한 차림이었다.

옷차림이 멋있다고 생각했는데 신호가 바뀌고 이쪽으

로 건너오는 그 여인의 얼굴을 가까이에서 보니 70세는 되어 보이는 주름투성이 할머니였다. 옷차림과 짐작돼는 나이가 따로 노는 느낌은 멋스럽다는 생각은 싹 가시고 불편하고 답답할 터인데 하는 생각이 들었다.

내게는 후회되는 선택이 있다. 아주 오래전, 젊었을 때 망설이는 동안 그 사람은 연기 같은 긴 한숨을 비행기 꽁무니로 내 뿜으며 하늘길을 날아가고 말았다. 생각날 때면 어느 하늘 아래에 무엇이 되어 사는 걸까. 오래된 정원의 추억이 먼지 속에서 꿈틀거리는 때가 있다. 때를 맞추는 게 매우 힘들던 때가 또 있었다.

서울에서 독일인 회사에 근무하고 있을 때이다. 주식투자에 도사급인 K과장의 주식 강좌가 점심시간이면 회의실에서 있었다. 주식이라면 주자도 모르던 여직원들을 모아두고 처음에는 공모주 신청을 위주로 주식 강의를 해주었다. 신통할 정도 재미있었다. 한전, 이동통신 주식 공모를 신청하였더니 겨우 3주, 5주 받았으나 금세 쑥쑥 올라가 몇만 원씩 되는 게 재미있었다.

쉽게 많은 돈을 버는 K과장의 설명에 푹 빠져 동료 몇 명과 주식의 늪 속에 점점 발이 빠져들어 갔다. 상한가를 쳐도 잠이 안 오고, 하한가를 쳐도 잠을 이룰 수 없었다. 주식의 움직임은 구름도 모르고 별빛마저도 모른다는 말이 있나. 팔 때와 살 때를 미뭇기리는 동안 올라갔다 가는 내려가고 내려갔다고는 어느새 올라가는 널뛰기의 주가는 길을 걸을 때도 눈앞에 어른거리는 전광판과의 씨름이었다. 팔 때와 살 때를 맞추는 게 여간 어려운 게 아니었다.

인생은 B(birth)와 D(death) 사이의 C(choice)의 연속인 듯하다. 사는 게 힘든 것은 어느 때이든 바른 선택을 못 했기 때문이라고 여긴다. 결혼도, 사업도, 친구도, 직장도 잡아야 할 때가 있고 놓아야 할 때가 있는 것 같다. 어느 쪽을, 무엇을 잡고 무엇을 놓을 것인가? 누구를 잡고 누구를 버리고 결혼할 것인지에 따라 그 사람의 인생이 바뀌는 것 같다. 친구 역시도 마찬가지인 듯하다.

며칠 전 동영상 기사에 〈파리의 뒤를 쫓으면 변소 주위만 돌아다닐 것이고 꿀벌의 뒤를 쫓으면 꽃밭을 함께 노닐게 된다〉는 글이 있어 혼자 빙긋이 웃었다. 바른 판단을 하는 데에는 문화와 교육도 한몫하고, 그 사람의 성품이 좌우하는 것 같다.

어떤 사람이 인생은 고스톱과 같다고도 했다. 고스톱 화투 게임에서 똑같이 분배하여 준 패를 손에 들고 어느 패를 손에 들고 어느 패를 바닥에 놓느냐?에 따라 승패가 정해진다는 말이다.

한국에는 지금 봄소식이 한창이다. 탐스럽게 핀 벚꽃 향연과 연분홍 물감을 캔버스 가득 풀어 놓은 듯 만발한 진달래꽃들이 손짓하며 가슴 설레게 한다. 호주에서 계속 살아야 하나 한국으로 가야 하나 요즈음 들어 다시 몸살을 앓고 있다. 때와 시기를 잘못 맞추어 입은 할머니 패션도 10월의 도라지도 되어서는 안 돼 하는 마음은 머뭇거리기만 한다.

2018. 4.

하늘의 신부

쿠지 비치를 찾았다. 마음에 그림자가 드리울 때면 찾아가는 바닷가이다. 오후 내내 울적해 있던 가슴을 겨울 바닷바람이 시원하게 씻어 옷깃을 여몄다. 아주 가까운 지인에게서 받은 상처가 쉽사리 사라지질 않고 가슴속에 시커먼 먹물로 차올라 며칠째 서럽고 슬펐다. 나이 들어가며 얼굴보다 마음이 먼저 주름 잡혀가는지 사람들에게서 받은 속상함을 쉽사리 털어버리지를 못한다. 질화로의 불 돌 밑 불씨처럼 속상한 마음이 시나브로 사위어 가기까지 혼자서 삭힌다.

해변은 서핑하는 사람들만 드문드문 눈에 띌 뿐 한가로웠다. 해안로를 따라 걸었다. 내 키보다 훨씬 높게 자란 푸르디푸른 나무 잎사귀들이 바람에 나부대면서 흔들렸다. 해안로를 끼고 넓게 펼쳐진 비치를 한눈에 내려다 볼 수 있는 언덕길로 접어들었다.

우람한 바위들이 운집해 있는 그 언덕을 나는 유난히 좋아한다. 해안가를 끼고 길게 뻗은 바다를 보고 있노라면 가슴속까지 시원해져서이다. 지평선 바로 위에 걸려있는 해가 만들어 내는 구름 색이 황홀했다.

바다를 향해 야트막한 바위에 걸터앉아 점퍼 호주머니에서 휴대전화를 꺼내 부재중 전화들을 점검하던 중 유튜브 스크린에서 하얀 국화꽃 속에서 환하게 웃고 있는 이민아 목사의 사진과 맞닥뜨렸다.

무심코 터치하게 된 이민아 목사에 관한, 이민아의 간증 글들에 점점 빠져들어 갔다. 글 속에 녹아있는 그녀의 삶과 마지막 생을 마감한 기사를 읽으며 정말 놀랐다. 이럴 수가……. 어쩜 이렇게 살다가 갈 수가 있을까. 영정 사진 속 그녀의 미소가 신비스러웠다.

이민아 목사는 이화여자대학교 영어영문학과, 불문과를 복수전공, 3년 만에 졸업한 후, 스물두 살에 사랑하는 사람을 만나 부모의 반대를 무릅쓰고 미국으로 건너가 유학 중에 첫아들을 낳았고 얼마 지나지 않아 이혼했다. 그 후 목숨처럼 사랑했던 버클리대학교 다니던 스물다섯 살의 큰아들이 원인을 알 수 없는 혼수상태에 빠져 19일 만에 세상을 떠났다. 죽은 아들에 대한 애틋한 사랑은 아들과 같은 연령대의 술과 마약에 빠진 청소년 구제 활동에 헌신하며 아들에 대한 사랑의 아픔을 치유했다.

몇 년 후, 재혼하게 되고, 두 번째 낳은 다섯 살 아들은 특수 자폐 판정을 받았다. 엎친 데 덮친 격으로 이민아는 암 선고를 받았고, 끈질긴 암과의 사투로 실명하기도 했다, 투병 생활 중 하나님을 만나고 목사가 되었다. 그 후 미국에서 법대 졸업, 변호사 자격을 취득하여 캘리포니아주 검사로 임용돼 청소년 범죄 예방과 선도에 헌신하였다. 절망에 빠진 청소년들에게 소망의 빛을 전하고 싶다 하며, 죽기 직전까지 자신의 상처를 통해 다른 사람들의 상처를 치유하는 집회를 해왔다.

결혼 30년 동안 웃는 날보다 가슴 치며 운 날이 더 많았다고 한다. 하나님만을 오롯이 의지하며 하나님의 말씀을 증거 하다 2012년 3월 15일 53세로 하나님의 품에 안겼다.

그녀가 쓴 『하늘의 신부』는 고 이민아 목사가 수십 차례 집회하면서 하나님을 찬양하였던 생명과 예배의 기록으로 채워져 있다 한다. 눈물겨운 그녀의 삶은 남다른 시련을 겪으면서도 시련 너머에서 소망을 주시는 하느님을 만났고 상처 입은 자의 치유 자가 되어 절망에 놓인 사람들을 구해낸 것이다.

얼마 전, 그녀의 아버지 이어령 씨가 시드니 한인 교회에서 간증할 때 한 말들이 기억을 비집고 떠올랐다.

"딸아이가 자폐증 아들은 안고 교회 강대상 앞 복도에서 무릎 꿇고 통곡하며 기도하기를……."

"하나님 왜 내게 이런 아들을 주셨나요, 이 아이를 내가 어떻게 기르라 말씀인가요?" 하며 우는데 기도 중에 하느님의 음성이 들렸다고 한다.

"사랑하는 내 딸아, 내가 사람들을 만들어 세상에 보내는 데 잘 만들어진 사람들도 있지만 가끔은 잘 못 만들어진 사람들도 있단다. 잘못 만들어진 사람을 누구에게 보낼까 망설이는데 사방을 둘러봐도 마땅한 사람이 없더구나, 네가 가장 잘 돌봐줄 것 같아 너에게로 보냈단다. 잘 돌봐 주려무나."

하나님의 음성을 들은 이후부터 이민아는 원망의 기도를 하지 않고 자폐증 아들을 보살펴왔다고 했다. 딸의 영정 앞에서 우는 손자들에게 '괜찮아 우린 다시 만날 거야.'라고 다독이며 힘들게 살아온 딸을 지켜보아야 했던 아버지 이어령 씨의 눈물이, 그 아픈 가슴이 아프게 전해져 왔다.

우연히 접한 이민아 목사의 생애, 간증을 읽는 사이 서편의 해는 어느새 바닷속으로 뉘엿뉘엿 기울고 어슴푸레 땅거미가 내리고 있었다. 그녀의 삶은 슬픔에 차 있던 내 마음을 넓혀주며 큰 울림으로 힐링 되었다.

그녀의 삶에 비하면 내 눈물은 아주 작은 가시로 여겨졌다. 터질 것 같이 가슴속을 꽉꽉 메우고 있던 슬픔이 어느새 사라지고 고 이민아 목사의 삶이 집으로 돌아오는 차 안을 위로로 가득 채워주었다.

Everything happen for the best
(모든 일은 더 좋은 일을 위해 일어난다)

시드니 전역이 내가 활동하는 무대였다. 차를 몰고 동부지역 맨리 해안로 변에 즐비한 상가들을 방문하기도 하고, 시드니 서쪽 끝 동네 펜리스 쇼핑센터 내에 생선가게 주인을 만나 세무서류들을 받아와 손님에게 스캔을 떠서 보내는가 하면, 시내에서 남부지역 작은 동네 캠벌타운 중심지 도로변에 있는 수시 가게 주인을 만나 구매자와 가격협상을 하기도 했다.

하루가 너무 짧다고 느껴지던 때가 많던 바쁜 일상 속에서 일 년이 지나고 이 년이 지나 시드니 생활 13년 동안 휴가를 휴가답게 지내보지 못했다. 모처럼 시간을 내어 한국엘 가도 길어야 일주일 안에 되돌아와야 하고 한국에 체류하는 그 일주일 동안도 저녁이면 컴퓨터에서 손님들에게서 온 전자우편들 점검하고 로밍 하여간 핸드폰에 귀를 모으고 지내야 했다.

코로나바이러스로 인한 사회적 규제가 시작되던 처음은 세상이 갑자기 정지된 느낌이었다. 집을 나서면 마치 전쟁 때 피난민들이 떠난 동네처럼 길에는 사람들을 볼 수 없고 쇼핑센터 내에서는 휴지 사재기로 법석이었다. 코로나바이러스 범유행으로 3월 24일부터 회사도 재택근무로 바뀌어 일주일에 한 번씩 직원들과 줌(Zoom) 미팅을 각자의 집 컴퓨터 앞에서 한다

하루가 다르게 급변하는 코로나바이러스 범유행으로 인한 사회변화로 정신을 차릴 수가 없었다. 나도 약국 앞 긴 줄에 서서 손 소독제와 비타민 C를 사고, 쌀과 화장지를 비축해 두었다. 매물로 나와 있는 가게들을 둘러보려 차를 운전하여 가 보았는데 가게들은 묵직한 철문이 내려져 있어 쓸쓸했다. 비즈니스 구매하려는 손님들 전화도 끊기고 액상 가득하던 문자 메시지도 점점 줄어 더는 오지 않는다.

집안에서만 지내려니 하루가 너무 길었다. 멈춰버린 일상이 답답해져 왔다. 갑자기 엿가락처럼 늘어진 시간을

무엇을 하며 시간 죽이기를 해야 할지 모르게 됐다. 우선은 집안 살림에 눈을 모았다.

옷장 정리부터 시작했다. 잘 입지 않은 옷들은 골라내어 헌 옷 수거함에 넣고 책상 서랍 안에 수북이 쌓여 가는 묵은 서류들도 정리했다. 마른 식품들을 넣어두는 팬추리(서랍장) 안 정리도 하고 부엌 안팎을 말끔히 청소하고 나니 개운한 기분이 좋았다.

하나 더 할 일이 생각났다. 지난 몇 년 동안 써온 습작 수필들 정리하는 일과 3년 전 써둔 습작 소설 다듬는 일이었다. 부활절 연휴 때, 연말 휴일 기간에 정리해야지 하고 미루어 왔던 일이다. 컴퓨터 속에 잠자고 있던 수필들을 하나하나 다시 읽으며 문장들을 재편성해 보았다.

글을 쓰면 최소 열 번은 읽어보고 다듬으라고 하신 글쓰기 강좌 선생님 말씀대로 다듬는데, 소설 다듬기 작업은 엄청 많은 시간을 요구했다. 수필집 한 권 낼 정도 분량의 50편에 가까운 글들을 다듬고 수정하고 나니, 몇 년 동안 마음 밑바닥에 가라앉아 있던 묵은 숙제를 다 한 시원함이 후련하기까지 했다.

며칠 지나, 전철을 타고 시내로 나갔다. 전철 안에는 승객이 나 이외에 서너 명뿐이었다. 전철 창으로 스치는 동네 길에는 사람이라고는 볼 수 없는 눈 덮인 몽골의 겨울처럼 고요했다. 타운홀 전철역에서 내렸다. 평소에는 계단을 오르내리는 승객들로 꽉 채워진 계단을 사람들 틈에 휩쓸려 오르내렸는데 그날은 나 혼자 계단을 오르고 있었다.

큐비비(QVB) 빌딩 앞 사거리 조오지 거리에도 화판에 드문드문 찍힌 점들처럼 사람들이 없었다. 텅 빈 노면전차가 탱탱하며 시내를 가로지르고 있었다. 거대 도시 시드니가 텅 빈 느낌이었다. 이렇게 세상이 변할 수도 있구나 하는 데에 놀랐다. 마침내 올 것이 왔구나 하는 느낌이다.

생태학자들이 계속 경계의 나팔을 울렸는데 임계점(Critical), 결정적 변화가 온 것이다. 과한 소비로 인한 인간의 행위가 빚어낸 결과이며 하나님의 계획하에 내려진 심판이라 생각한다. 잠시 왔다가 가는 전염병이 아니라 감염병과 함께 살아야 하는 시대가 온 것이다.

저녁 때면 한국방송에서 '걸어서 세계 속으로', '세계 테마 기행' 등 120여 편을 도두 다 보았다. 한 편을 보는 데 거의 한 시간이 걸린다. 소파에 길게 누워 느긋하게 세계 여행 속으로 빠져들었다.

스페인의 산티아고 순례 길을 걸어 야곱이 잠든 웅장한

데 콤포스텔라 성당 앞에 이르고, 아름다운 캐나다 온타리오 단풍 길을 걷고, 스위스 융프라우 산악 열차에 실려 설경을 구경하기도 했다. 사하라 사막 모래 벌에서 낙타 등에 앉아 끝없는 황혼 속의 모래사막을 느릿느릿 걷기도 했다.

세계여행 프로그램 보는 재미에 빠져 어떤 때는 새벽 2시, 3시가 되었다. 뒷날 늦게까지 늦잠을 자고도 걱정이 안 되었다. 전에는 생각해 볼 수 없는, 해보지 못한 게으른 즐거움이었다.

오후에는 가시나무 새의 저자 콜린 맥컬로우의 바닷가 집필실만큼은 아니어도 겨울 햇볕이 따스한 발코니 야외 테이블에 앉아 나지막한 울타리에 앉아 지저귀는 이름을 알 수 없는 새소리 들으며 습작한 글을 다듬는 여유로움이 더없이 좋았다.

친구가 자주 쓰던 디팩 초프라의 말 "Everything happen for the best(모든 일은 더 좋은 것을 위해 일어난다)."를 떠 올린다. 코로나바이러스 글로벌 범유행으로 인한 사회적 거리 두기가 시작되었을 때 처음에는 황당했었다.

회사 업무가 갑자기 멈춰 며칠 후면 받게 될 중개수수료들을 포기해야 하는 데에는 짜증까지 났었다. 그런데 시간이 지나면서 이건 아주 특별한 휴가라는 생각이 들었다.

코로나바이러스로 인한 사회적 거리 두기가 없었더라면 난 아마 거실 소파에 길게 누워 느긋하게 세계여행을 할 수도 없었을뿐더러 서랍 속에 잠자고 있던 습작 수필과 소설 다듬는 일도 못 했을 것이다. 아마도 쉼표 없는 노래들 속에서 회사 일에만 매진하고 있었을 것이니 말이다. 호주 정부가 말한 코로나바이러스 규제 기간은 아직도 3개월 더 남았다.

나머지 기간을 집콕 하면서 집순이가 다음은 무엇을 하며 보낼까 생각 중이다. 매사 생각하기에 달렸다. 흔히들 알고 있는 '물 반 컵의 철학'을 떠올린다. 어떤 사람은 '물이 반 잔 밖에 안 남았네.' 하며 섭섭해 하고 다른 어떤 사람은 '어, 물이 아직도 반 잔이나 남았네.' 하며 기뻐한다는.

코로나바이러스 범유행으로 인해 남편이 직장을 잃어서 가족이 기가 죽고, 부부싸움이 빈번하고, 우울증에 시달리는 사람들이 많다고 한다. 그런가 하면 어떤 가정은 항상 일에 쫓기어 아이들과 같이 놀아줄 시간이 없었는데 모처럼 집에서 지내니 '아, 이게 가정이구나, 이게 자식 키우는 재미이구나.' 하며 가정의 행복을 느끼며 지낸다고도 한다.

집에서만 생활하게 되어 '생활습관에 의한 게으른 가장들' 이 늘어가고 있다고도 한다. 어떻게 그렇게 일 년 내내 새벽이면 일어나 일해 왔는지 이제는 더 못 하겠다고도 했다.

맷돌을 계속 돌리면 손잡이가 부러지고 믹서기를 계속 돌리면 뜨거워져 멈춘다. 쉬엄쉬엄 쉬어가면서 살라고 창조주가 코비드 녀석을 지구에 보내신 것은 아닐까. 운동경기에서 중간 휴식시간 하프타임을 하듯 삶에도 자신의 생활과 미래를 정리 정돈하며 살라고 하느님이 코비드 19 녀석을 보내신 것은 아닐까 생각해본다.

코로나바이러스 범유행은 세계에 많은 변화를 가져오고 있다. 재택근무, Zoom 미팅, 배달 문화를 비롯하여 지난주에는 국가 정상들의 한국 유럽 정상회담도 화상 채팅으로 진행되었다. 전에는 생각지 못했던 대단한 사회적 변화이다.

유럽 문명사에서 14세기부터 16세기 사이에 일어난 문예 부흥, 르네상스 운동은 과학혁명의 토대가 만들어져 기나긴 중세시대 막을 내리고 근세로 이어주는 시기가 되었다. 인쇄술을 통한 정보의 가능성과 무역을 통해 경제력을 키우고 영주나 교황의 간섭에서 벗어나 '새로운 기운'의 새로운 형태의 삶과 문명을 추구하는 일종의 시대적 정신 운동의 시기이기도 했다.

어떠한 일들이 포스트 코로나에 일어날 것인지는 아직은 알 수 없고 예측만 할 뿐이다. 그러나 Everything happens for the best! 지금보다 더 좋은 세상이 펼쳐지기 위한 길목이라 믿고 싶다.

호주 정부에서 말하는 사회적 거리 두기는 6개월 예정이라고 했다. 언제쯤 코비드 녀석이 모두 물러가고 경기가 회복되어 정상 근무를 할 수 있을지 모르겠다. 지난해 중국 우한시에서 시작된 코로나바이러스 범유행은 아직도 끝나지 않고 유럽으로 건너가 소란을 피우더니, 다음은 미국을 강타하고 지금은 아프리카에서 난동을 부리며 세계를 위협하고 있다.

2019년 7월 1일 오늘 기준 세계 코비드 19 감염자는 천만 명이고, 사망자는 오십만 명이라고 한다. 브라질, 아프리카까지 번져 하루에도 수천 명의 확진자가 나오고 있다.

7월이면 다시 정상 근무를 할 수 있지 않으려나 하는 기대감에 오랜만에 미용실에 들러 머리 손질도 하고, 쇼핑센터에서 할인해 판매하는 품목으로 말쑥하게 나들이 옷과 구두도 샀다. 자동차 정비도 마치고 기름도 가득 채웠다.

정겨운 회사 직원들의 얼굴을 보고 싶고, 그들과 티타임에 나누던 커피 한 잔을 마주하고 싶다. 또 하나, 회사 사무실이 비즈니스 매매로 손님들과 왕왕대는 소란스러운 전화 소리도 그립다. 커피 두 잔 뽑아 들고 고객들과 이야기 나누고, 손님들과 미팅하며 시드니 전역을 운전하며 다니는 바쁜 일상이 언제쯤 다시 시작되려 나 기다려진다.

Every things happen for the best! 지금 겪고 있는 힘든 상황은 더 좋은 일을 주시기 위한 일이기를 바라며, 모두가 겨울 잠에서 깨어 잠자리를 털고 일어나 열심히 살던 이전의 일상을 되찾을 수 있는 그 날이 하루빨리 오면 참 좋겠다.

범람하는 신조어

코로나바이러스 범유행으로 인한 사회적 거리 두기로 집에서 지내는 시간이 많아졌다. 전보다 한국방송 시청하는 시간도 더 많아졌다. 요즈음 나는 한국방송 뉴스 시간에 앵커가 하는 우리나라 말을 이해를 못 하겠다. 분명 한국말인데도 이해가 잘 안 된다.

어제저녁 방송만 해도 "코로나바이러스 범유행으로 언택 비즈니스가 성장세를 보이며, 방역 당국에 의하면 코로나바이러스 언텍 환자가 점점 많아지고 있습니다."라 했다. 무엇을 말하고 있는지 짐작은 간다.

언텍 비즈니스라 하면 소비자와 생산자가 만나지 않아도 되는 비즈니스로 이해를 하고, 언텍 환자라 하는 것은 환자 끼리 접촉이 없었어도 정도로 이해는 하겠다. 아마도 영어에서 happy－unhappy, pleasant-unpleasant, do-undo와 같이 반대 뜻을 말하는 것이라 여긴다.

시드니에 사는 사람들이야 알아들을 수 있는 영어 신조어들이지만 한국에 사는 시골 어르신들은 뉴스를 들으며 이런 말들을 이해하실까 불현듯 궁금해졌다. 방송을 들으며 눈을 똥그랗게 뜨고는 '지금 저 사람이 뭔 소리하고 있다냐?' 하실 것만 같아 웃음이 났다.

방송에서는 이런 나와는 아랑곳하지 않고 오늘 아침에도 신조어들이 남발되고 있었다. '뉴스 프리즘', '하노이 노딜 후 사실상 남북관계는 교착 관계에 빠졌습니다.' 화면 코너에는 '잠룡들 예선 라운드 격돌', 통계표를 제시하며 '현재의 리얼리티', 20대로 번진 '리치웨이 발 집단감염', '먹 튀 학원장 등록비 사기 사건', 헬스장에서 '땀 묻은 바벨' 함께 사용, 정부를 향해 '돌직구'를 던졌습니다. '라임 정치권 고리 구속', '뉴 노멀 형태의 직장', 등등 끝없이 이어지는 영어를 한국 발음으로 절묘하게 조합시킨 신조어들에 어리둥절 해진다.

대통령도 '한국판 뉴딜'이라고 한다. 무식하게 신조어도 모른다고 하겠다 싶어 옆 사람에게 물어보지도 못하고 대충 감만 잡고 넘어가고, 그렇게 중요하지 않은 것들에 소중한 나의 시간을 내어주지 말아야지 하며 돌아서는데 그게 무슨 뜻이지? 하는 게 목에 가시처럼 걸린다. '누리 맘', '아우라', '돌 직구'. 오픈 프라이머리', '매니페스토', '캐스팅 보드' 등등 아직도 모르겠다.

언제부터 우리말이 두리뭉실한 신조어들로 절묘하게 조합되어 쓰기로 했는지 알 수가 없다. 몇 년 후면 아마도 더 많은 신조어가 쏟아져나올 것이고, 우리말을 알아듣지 못하는 '한국어 귀머거리'가 수두룩 해지지 않을까 싶다.

어머니 아버지 세대들은, 시골 사람들은 무슨 뜻인지 몰라도 된다는 것인가. 날로 달라지는 국제화 시대지만 우리말만큼은 변하지 않았으면 좋겠다. 고향에 갈 때마다 우리가 자랐던 옛 마을이 점점 개발되고 변하여서 허전함이 일었는데 우리 말까지 변화하는 시대에 사는 지금 우리나라가 현대화되어간다는 생각보다는 뿌리를 잃어가고 있다는 생각이 더욱 짙게 드리운다.

지난해 서울에서 친구들과 만나기로 한 식당을 찾는데 애를 먹었던 적이 있다. 식당가에는 영어, 불어, 이태리어 간판들이 현란하게 걸려있어서 만남 장소 이름을 메모지에 써서 들고 다녀서야 겨우 찾을 수 있었다.

한국에는 식당가와 방송에서뿐만 아니라 하늘로 치솟

은 아파트 건물 이름들도 알 수 없는 영어, 불어로 대문짝만하게 쓰여있다. 순수한 우리말로 쓰면 시대에 뒤처진 느낌이라도 든다는 것일까.

우리가 서울에서 살 때만 해도 은마아파트, 개나리아파트, 우성아파트, 반포아파트 등등 순수한 우리말 아파트 이름들이 많았는데, 왜 지금은 외래어로 아파트 이름을 써야만 하는지 알 수 없다. 우스갯말로 시어머니가 아파트 이름 못 외어서 찾아오지 못하도록 영어로 짓는다고 하는데 순수한 우리말을 두고, 아파트 이름을 우리말로 표현할 수 있는데 왜 영어를 한국식 발음으로 사용해야 하는지 모르겠다.

몇 년 전만도 나는 베트남, 방글라데시, 스리랑카 등 우리나라보다 못한 나라에서 이민자들이 우리나라로 이민와서 사는 게 못마땅하게 여겨졌었다. 우리나라 고유의 순수함이 점점 사라지고 얼굴들이 갖가지로 채색되어가고 있다는 애석함에서였다.

순수한 우리나라 음식 닭갈비가 치즈 닭갈비로 변하고, 초등학교에는 전에 볼 수 없었던 혼혈아 학생들이 어느 학교나 많아지고 있다고 했다. 지금은 내 생각도 많이 변하고 있다.

우리가 호주에서 살 듯 그들이 우리나라에서 사는 것에 점점 익숙하여지고 있다. 호주는 여러 나라 이민자들과 더불어 살고 있지만, 변하지 않은 것은 자국민이 쓰는 영어는 변형시키지 않고 있다. 왜 우리나라만 집도 내주고, 마당도 내주고 언어까지 뒤섞고 있는 것일까.

세종대왕께서 한글을 만드신 동기는,

〈우리나라의 말소리가 중국과 달라서 문자가 서로 통하지 아니하므로 무식한 백성이 말하고자 하는 바가 있어도 끝내 그 뜻을 펴지 못하는 사람이 많다. 내가 이것을 불쌍히 여겨 새로 28자를 만드니 사람들이 쉽게 익혀 날로 씀에 편하게 하고자 할 따름이다.〉 하였다.

한글을 만드신 세종대왕께서 변형되는 한글 신조어에 뭐라 말씀하실까. 모르긴 해도 무릎 위에서 재롱떠는 손주 녀석이 수염을 당기면 아무리 귀여워도 할아버지가 "네 이놈 !" 하고 호통을 치듯이 난잡한 신조어에 야단치실 게 분명하다.

나는 학교 다닐 때 국어 공부를 열심히 하지 않은 벌을 톡톡히 치르고 있다. 문학회 모임에서 합평회 때면 내가 써가는 글에는 문법, 띄어쓰기가 틀렸다는 지적이 지금도 무성하다. 국어가 딸려 책상 앞 벽에 국어 맞춤법, 띄어쓰기, 조사 쓰기 등등 A4 용지 가득 써서 더덕더덕 붙여놓고 오고 가며 국어 연습을 한다.

'국어가 밥 먹여 준다.', '셀파 생활 국어'를 펴고 국어공부하기도 한다. 신조어는 맞지 않은 옷을 걸친 것처럼 살갑지 않다. 몇십 년이 지난 지금도 국어를 바르게 익히는데 힘이 드는데 사전에도 없는, 쏟아져 나오는 신조어 홍수 속에서 나는 영원히 우리말 초년생일 것 같다.

칡넝쿨 인생

커피를 마시고 빈 찻잔을 조용히 내려놓으며 오후의 느긋한 여유를 즐긴다. 봄비가 부슬부슬 내리며 참빗처럼 곱게 마음을 빗겨 내렸다. 비가 와서인지 발코니에 줄줄이 앉아 먹이를 달라고 기다리던 빚쟁이 새들이 오늘은 안 보인다.

오후 세 시쯤이면 흰색 호주 새 코가투(Cockatoos)가 발코니로 날아들었다. 창밖에서 끽끽하는 소리가 들려 벽시계를 쳐다보면 오후 세 시다. 어떻게 시간을 아는지 녀석들은 그 시간쯤이면 영락없이 모여들었다.

몸통은 우윳빛으로 암탉을 닮은 이 새는 하나같이 모두 머리에 노란 벼슬 왕관을 이고 있다. 우아한 몸매와는 달리 목소리는 영 아니다, 어미 새에게서 노래는 안 배웠는지 쉰 목소리로 끽끽하는 소리밖에 못 낸다.

처음에는 두 마리이던 게 요즈음은 열 마리가 넘는다. 눈이 옆에 달려있어 고개를 약간 돌린 채 곁눈질로 거실 쪽을 보며 '먹을 것 안 줘요?' 하는 듯 끽끽 소리를 낸다. 이 새들이 우리 집 발코니로 처음 날아왔을 때는 참 신기하게 여겼다.

가까이 가도 날아가지 않고 비스킷, 초코파이, 식빵 등을 주면 한발로 난간을 버티고 서서는 다른 한 발을 손처럼 뻗어 먹는 모습이 신기했다. 사과를 잘라서 주면 껍질만 남기고 깨끗하게 먹어 치운다. 나는 녀석들이 오는 시간쯤이면 먹거리들을 준비해 두었다가 주는 게 오후의 즐거움 중의 하나가 되었다.

얼마 전 집을 며칠 비웠다. 집에 돌아와서 발코니로 나갔더니 창문 가느다란 유리 받침 나무들이 모두 바닥에 떨어져 있고 발코니에 놓여 있던 화초가 파헤쳐진 채 바닥에 널브러져 있었다. 외부 사람이 들어올 수 없는 뒷마당 정원인데 웬일일까. 화분에 화초를 다시 바로 심고 발코니 바닥 청소를 하고는 이내 잊어버렸다.

오늘 오후 세시가 지나 발코니로 나갔더니 코카투 두 마리가 상추가 심긴 화분을 발로 헤집고 있었다. 먹이를 빨리 안 준다고 심술을 부리는구나. 지난번 집을 비울 때도 녀석들이 심술을 부렸었구나 싶은 게 괘씸했다.

이 새들은 머리도 상당히 영리하다. 녀석들은 안다. 누가 너 사랑해 주는 줄을. 이들이 발코니로 나가면 모여 오고 내가 발코니로 나가면 재빨리 날아가 버린다.

사촌 언니와 나는 두 살 차이다. 우리는 한동네에서 자랐다. 언니의 아버지가 돌아가시고부터 언니 엄마는 우리 집 허드렛일을 도와주고, 우리는 자매처럼 친하게 지냈다. 결혼 후 나는 뉴질랜드에 이민하였고, 언니는 결혼하여 시골에서 계속 살았다.

언니의 셋째 딸이 교통사고로 미국에서 죽은 이후부터 불쑥불쑥 시도 때도 없이 내게 전화를 해왔다. 전화를 받을 때마다 흙탕물에 젖어 사는 듯한 언니의 우울한 일들에 마음이 아팠다. 어느 때부터인가 나는 언니의 일이라면 다 들어주게 되었다.

뉴질랜드에서 언니의 맏아들 어학연수 6개월 동안도 우리 집에서 지내게 해 주었고, 시드니에서 언니의 두 손자 어학연수 기간 때도 우리 집에서 치다꺼리해 주었다. 신세대인 손자들은 제멋대로여서 애를 먹었다. 시내에서 밤늦도록 친구들과 술을 마시고 기차가 끊긴 후, 새벽에 귀가할 때면 잠에 취한 눈을 비비며 나는 동네 기차역으로 나가 픽업해 와야 하는 때도 허다했다.

지난해 둘째 손자가 시드니에 또 왔었다. 언니는 형편이 어렵다고 핸드폰을 붙들고 또 사정했다. 이전과는 달리 아파트에 살아서 식구가 느는 게 불편했으나 평소 누구보다 살갑게 대해주던 언니였기에 아무 말 하지 않고 이번에도 아르바이트 자리를 알선해 주고 돌봐주었다.

두 달이 지난 뒤, 언니의 손자는 손을 다쳐 더는 일 할 수 없어 귀국하게 되었다. 이해할 수 없는 것은 언니였다. 왜 치료해서 더 데리고 있지 않고 한국으로 보냈느냐고 하는 것이었다. 3년 반 동안 언니의 아이들을 하숙비도 안 받고 셋을 치다꺼리해 주었는데도, 세상이 이럴 수도 있구나 했는데 손으로 입을 가릴 뿐 할 말을 잃었다. 기분이 블랙커피처럼 씁쓸해지는 것이었다. 잠을 설치게 하는 말들이 가슴속에서 오르락내리락했다.

그 언니에게서는 여름철이면 무성하게 타고 오르는 칡넝쿨이 생각난다. 나무도 아니고 풀도 아닌 칡은 아무 데나 빌붙어 자라려고 한다. 칡넝쿨을 닮은 언니는 수입은 많지 않으면서도 가방끈이 짧은 것을 감추고 싶은지 명품으로 치장하고 자식들을 해외 어학연수 보냈노라며 자랑하고 다닌다. 마치 수고도 없이 높은 나무에 앉아 둥지를 틀고 무성하게 뻗어가는 칡넝쿨처럼.

능나무는 여름이면 보랏빛 꽃을 피워내며 사람들의 눈을 즐겁게 하지만 칡이란 식물은 저 혼자는 일어설 줄도 모른 채 꼿꼿이 선 나무만 보면 타고 오르고 평생을 다른 식물에 기대어서 산다. 여름이면 너럭바위를 타고 올라가 녹색 멍석을 편 듯 무성하게 뻗고 독무대로 낮잠에 취해 있는 칡넝쿨 말이다.

받은 사랑에 대한 감사와 깨우침이란 내면의 엄격한 눈을 바로 뜨게 될 때 이루어지는 모양이다. 마치 맡겨둔 먹거리를 내놓으라는 듯 먹이를 주지 않으면 창틀을 뜯고 화분을 엎어 망치는 코카투와 하숙비도 지급하지 않고 자신의 자식들을 맡기고도, 치료해서 더 데리고 있지 않았다고 퉁명스럽게 내뱉던 그 언니는 어딘가 닮은 구석이 있는 듯하다.

유독 우리 집 발코니로 날아드는 새들에 정이 가서 쇼핑 때면 쇼핑백에 식빵 한 봉지를 따로 챙겨 왔었는데 이제는 그만두고 싶어 진다. 식구가 늘면 덜 외롭고 집안 분위기가 활기차기를 바라고 치다꺼리해 주었는데 이도 잘한 일은 아닌 듯하다.

아는 사이라는 게 더하고 있는지 덜하고 있는지에 대해 스스로 판단이 어려울 때가 있다. 인정도 사랑도 적당한 '거리'와 적당한 '양'에 있다는 것을 느끼는 요즈음, 홈스테이 비 꼬박꼬박 챙겨서 받을 걸 그랬어 하는 후회도 인다. 언니와의 일은 금이 간 옹기 항아리로 내 마음 한편에 축축한 물기로 남아있다.

기도 터

지난 사월, 모처럼 가족끼리 한국 여행을 갔다. 시애틀에 사는 딸 가족과 고향인 여수에서 만나 형제들과 함께 나의 칠순 생일 파티를 즐기고 다음 날 제주도로 갔다. 상쾌한 바닷바람을 맞으며 둘레길을 걷고, 동안 경굴 깊숙이까지 바닷물을 가르며 묘기를 부리는 제트 보트도 탔다. 가족여행이 퍽 즐거웠다.

제주도 내의 여러 관광 명소를 관람하던 중 내 시야를 붙잡던 곳은 제주도 옆 우도 생개리에서 본 '생개남 돈짓당'과 해녀들이 바다로 들어가기 전 불을 쬐며 휴식을 취했다는 '불턱'이었다. 생개남 돈짓당은 해녀들의 쉼터이자 물 일을 하러 들어가기 전 바닷속에서 풍요롭게 수확하고 무사하길 빌었던 기도 터이었다고 한다.

돈짓당 기도 터는 우뚝 솟은 커다란 바위였다. 작은 나무가 바위 밑동에 심겨 있고 오색 깃발을 동여맨 나무 아래엔 조촐한 제사상이 차려져 있었다. 언젠가 본 적 있는 시골 마을 초입의 서낭당을 연상케 했다. 해녀들은 그 큰 바위를 신성하게 여기며 제를 지내고 기도 후 바닷속으로 들어갔다고 한다.

척박한 땅에서 억척스러운 삶을 살아내야 했던 해녀들이다. 어렸을 적 내가 본 해녀들은 춥고 어두운 바닷속에서 해삼, 멍게, 소라, 전복 등 여러 가지 해산물을 그물 망태에 가득 담아 어깨에 메고 불을 쬐려 모닥불 가로 모여들었다. 두려움이라고는 전혀 없어 보이던 해녀들이었는데, 물 일을 하러 들어가기 전, 기도 후 물속으로 들어갔다는 사실에 그녀들의 가슴속에 가득했을 두려움이 새삼 느껴져 왔다.

제주도 여행을 마치고 독일 뮌헨으로 갔다. 오래전부터 무척 가고 싶었던 도시이다. 백팩에 노트북과 갈아입을 옷 한 벌과 세면도구만 챙겨 넣고 완전 자유의 '홀로 여행'을 떠났다.

43년 전 살던 도시로 간 것이다. 기다란 빨간 기차가 끝없는 초록 벌판을 달렸다, 뮌헨이 가까워질수록 형용할 수 없는 충만한 기쁨으로 설레었다. 학교생활 하면서 주말이면 아르바이트하고, 독일 친구들과 재미있게 살던 때가 어제 일들처럼 떠올랐나.

이전에 내가 살던 동네를 들러보고, 자주 가던 카페도 가 보고 학생 때 아르바이트 다니던 호프집 마당 긴 통나무 테이블에 앉아 구운 소금을 뿌린 프렛젤에 맥주도 마셨다. 공기가 반갑고, 하늘이 반갑고, 가로수 나무들이 반기는 도시에서 나는 결혼한 적도 없고, 아이들을 낳아 기른 적도 없는 스물여섯 살로 되돌아갔다.

많은 추억이 깃든 99번지 림펜부르거 거리 학생 기숙사, 내가 쓰던 방 107호 앞에 서니 감격에 가슴이 떨려왔다. 그 방에서 살았을 때의 옛 추억들이 쏟아져 내리고 26세와 70세의 내가 섞여 혼란이 왔다.

기숙사 앞 도로를 땡땡땡 울리며 다니던 노면전차가 사라지고 땅 밑으로 전철이 다니는 게 다를 뿐 모두가 그때 그대로였다. 무엇보다 기숙사 마당 한쪽에 수북이 세워져 있는 자전거 더미가 그랬다. 학생들은 기숙사와 학교 건물 사이 도로를 여전히 자전거를 타고 다닌다.

뮌헨 도착 이틀 후, 인터넷으로 예약하여 둔 백조의 성

(Newschwanstein schloss) 투어를 갔다. 오스트리아와 국경 지역인 남부 독일은 스위스 동네처럼 눈 덮인 산들, 푸른 풀밭, 잔잔한 호수, 아름다운 산들이 둘러서 있다. 뮌헨에서 기차로 4시간 거리에 있는 백조의 성은 바이에른 지역의 왕이었던 루드빅스 2세가 황금 마차를 타고 가파른 언덕길을 오르내리며 살던 성이다.

이 성은 130년 전 30년에 걸쳐 지은 성으로 독특한 건축 양식에 내부 장식과 시설들이 매우 잘 꾸며져 있어 세계 여러 나라 관광객들이 일 년 내내 몰려온다, 주변 경관이 여전히 빼어나게 아름다웠다. 성 아래로는 눈 덮인 높은 산들로 둘러싸인 넓고 푸른 호수가 있다. 호수에는 백조들이 노닐고 있었다.

천장에 매달린 크리스털 등이 황홀한 왕의 침실로 안내되었다. 왕의 침실 발치 왼편으로 조그만 방이 하나 보였다. 뭘 하는 곳인가 하고 조금 열린 문 사이로 안을 들여다 보았더니 맞은편 벽에 예수님이 십자가에 매달린 커다란 십자가가 걸려있었다. 깜짝 놀랐다. 이럴 수가? 십자가 아래에는 양측 촛대에 촛불이 켜져 있고 팔꿈치를 세우고 두 손을 모아 기도할 수 있는 기도대도 설치되어 있었다.

전혀 상상도 못했던 장면이다. 돈과 권력, 황금으로 장식 된 집에서 사는 왕이 무릎 꿇고 예수님 십자가 아래에서 기도하며 살았다는 사실이 생소하게 느껴졌다. 왕도 인간이기에 힘들 때가 있었고, 의지할 곳이 있어야 했구나 하는데 생각이 미치자 측은한 마음이 일고 천하를 다 가진 왕 역시도 인간적이었구나 하는 생각은 마차를 타고 경사진 산길을 내려오는 내내 가슴속에 긴 여운으로 남았다.

사람은 힘들 때, 무언가에 의지하고 기도하도록 빚어졌다는 사실에 다시 한번 고개를 주억거리게 된다. 내가 어렸을 적, 집안에 근심이 있을 때면 울 엄마는 장독대 안에서 가장 큰 항아리 위에 사기 사발 가득 정화수를 떠 놓고 빌고는 하셨다.

빙긋이 열린 창호지 문틈으로 찬바람이 방 안으로 들어와 새벽잠이 깰 때면 방 문틈으로 보이던 울 엄마 모습은 마치 천사가 내려온 듯하였다. 하얀 옥양목 한복을 차려입고, 낭자머리를 곱게 빗어 뒤로 넘겨 모아 은비녀로 쪽 찌고는 차가운 장독대 바닥에 꿇어앉아 두 손 모아 빌었다. 새벽의 달빛이 비녀 위에 은빛으로 반짝이고 사방이 고요한 새벽, 잠이 깬 쓰르라미 소리가 '찌르르 찌르르' 들렸다.

나의 기도 터는 안방 뒤편에 있는 한적한 베란다이다. 나에게 기독교 신앙이 없었다면 나는 무엇을 붙들고 기도했을까? 가을 햇볕이 따스한 오후, 뒤뜰에 나와 탁자 위에 커피잔을 마주하고 앉아 있노라니 나를 전도하여 준 내 친구가 참으로 고맙게 느껴졌다.

2019. 5.

프랜지파니 꽃(Frangipani)

텔레비전에서 상영하는 미국 영화 어드리프트(Adrift)를 감상하였다. 이 영화는 남녀 주인공 리처드와 태미가 돛단배를 타고 타히티섬에서 출발하여 항해 중 태풍을 만나 41일 동안 삶과 죽음을 오가다가 극적으로 구조되는 영화이다. 인상적이었던 것은 타히티섬에서 주인공 리처드가 태미의 왼편 귀에 흰색 프랜지파니 꽃을 꽂아주며, "이 꽃은 꽃말이 사랑이래. 왼편 귀에 꽂으면 사귀는 남자친구 있어요. 하는 뜻이고 오른편 귀에 꽂으면 애인 구함(I am available)이라는 뜻이래." 하는 부분이었다.

전에 우리가 살던 집 정원에는 내 키보다 더 큰 프랜지파니가 심겨 있었다. 봄이면 짙은 꽃향기에 끌려 나도 모르게 마당으로 나오게 된다. 프랜지파니는 가을에는 통통하고 튼실하게 자란 잎들을 미련 없이 모두 떨구고 막 씻은 당근처럼 말쑥한 몸매로, 실오라기 하나 걸치지 않은 나목으로 겨울을 지나고 이른 봄이면 뾰족한 초록 잎들을 해마다 새롭게 내민다.

새로 나온 연둣빛 잎들은 탐스럽게 자라 둥그렇게 부채 모양을 이룬다. 여름이면 꽃이 피는데 꽃잎은 하얀 벨벳처럼 부드럽고 꽃 가운데에는 노란 꽃술들이 올망졸망 박혀있다. 향기가 진해서 멀리에서도 이 꽃나무가 서 있는 부근을 지날 때면 코를 벌름거리게 된다. 프랜지파니는 동남아시아, 필리핀, 인도, 하와이에서 많이 볼 수 있고, 호주 뉴질랜드에서도 흔하게 볼 수 있다.

꽃 이름은 중국은 계란 꽃, 라오스는 참파 꽃, 태국은 릴라와디로 불린다. 몽환의 향으로 불릴 정도 향이 진하고 매혹적인 프랜지파니는 샤넬 향수의 원료로 쓰이며, 입욕제나 요리 장식용으로도 쓰인다.

프랜지파니 꽃을 볼 때면 내가 나가는 문학회, 지나 송이 생각난다. 지나는 곱다. 그녀는 얼굴만큼 마음도 고운게 프랜지파니를 많이 닮았다. 포근하고 은은한 중년의 매력을 가득 품고, 동생들을 챙기는 큰언니처럼 문학회 모임 때면 회원들의 간식을 늘 챙기고 필요한 것은 없나?

하고 모임 중에도 회원들의 얼굴을 둘러본다.

어떤 때는 재롱부리는 아이들의 귀여운 모습을 놓치지 않고 사진기에 담는 엄마처럼 회원들의 예쁜 모습들을 핸드폰 카메라에 담기도 한다. 그녀의 둥근 어깨, 동그란 얼굴에는 마르지 않는 웃음이 담뿍 담겨있다.

향이 진하고 꽃 모양이 우아한 프랜지파니를 닮은 지나는 칸나처럼 열정적이지도 않고, 목련처럼 유혹적이지도 않고, 제비꽃처럼 깜찍하지도 않다. 양지쪽 산기슭에 미처 이파리도 피우지 못한 나목의 가지에 서둘러 몇 송이씩 꽃부터 피워내는 진달래도 아니다.

평온한 그녀의 얼굴에는 웃을 때면 꽃보다 더 향기로운 포근한 여인의 향기가 난다, 바람이 일면 프랜지파니의 고혹적인 향기가 코끝을 간질이듯이 지나는 이따금 자신을 닮은 둥글고 둥근 시를 지어 귓가를 간질인다. 그녀의 시는 오랜 세월 파도에 씻긴 몽돌처럼 아리송하고 몽글몽글하게 굴러서는 하늘과 바람을 예찬하다가 슬며시 사라진다.

'수줍은 달님 구름 속으로 자꾸만 숨으려 하네…….' 하며.

몇 년 전, 하와이 여행길에서 저녁놀이 붉게 물든 호텔 잔디밭 중앙에 프랜지파니를 귀에 꽂은 사모아인 여인들이 꽃나비가 되어 마당 가득 모여 춤추던 모습이 떠오른다. 그녀들의 하늘거리는 춤을 보노라면 근심이라고는 없어 보이는 자연 속의 야생화들이다. 움막 안에서도 노래와 춤과 프랜지파니만 있다면 행복하다는 듯이 살아가는 모습에서 욕심이라고는 모르는 소박함이 느껴졌었다.

사소한 일로 목소리를 높였던 친구와의 일이 오늘도 물 먹은 보름달이 되어 가슴속에 차오른다. '둥글고 둥근 말들만 할걸 그랬어.'라고 자책한다. 향기 없는 마른 목소리로 했던 내 목소리가 마음에 걸린다. 오늘 내 모습은 목이 길어 슬픈 사슴처럼 뾰족한 주황색 꽃잎들 세워 도도함을 바람에 흔드는 향기 없는 극락조는 아니었을까.

후회스러운 마음은 친구 귀에 지나를 닮은 프랜지파니를 꽂아주며 동그란 얼굴을 하고 치마폭 가득 웃음을 담고 리처드가 태미에게 하던 말을 전하고 싶다.

"이 꽃은 꽃말이 사랑이래……."

내가 만난 코로나바이러스 범유행

아침에 눈 뜨면 맨 먼저 휴대전화 아이 텝(I Tap)에 뜬 액상에서 호주와 NSW 코로나바이러스 확진자 숫자부터 확인하는게 첫 일과가 되었다. 코로나바이러스 범유행 사태로 집을 나서면 텅 빈 거리는 피난민들이 모두 떠난 전쟁 때 거리가 이랬나 싶다.

해도 달도 별도 멈추고 눈만 멀뚱멀뚱 뜨고 사는 기분이다. 지난 2020년 3월 24일부터 거의 두 달간 대부분 시간을 집에서만 보냈다. 사회적 거리 두기를 지켜야 하고, 꼭 외출해야 하는 특별한 경우 이외에 돌아다니면 얻어맞는 벌금 폭탄이 무서워서이다.

3월 말 세금 신고하러 회계사 사무실에 갔었다. 오늘은 수요일, 정상 근무하는 날인데 시내 조지 스트리트에도 사람들이 눈에 띄지 않아서, 알면서도 너무 놀랐다. 기차

유리창 밖에 비치는 동네 길에는 걸어 다니는 사람 한 명 볼 수 없이 고요했다.

전철 안 역시 텅 비어 혼자 앉아 갔다. 타운 홀 전철역에서 내리는 손님이 나 이외에 두 명밖에 없었다. 내가 전철을 잘못 내리는 것인가 하고 표지판을 올려다봤다. 평소에는 승객들로 항상 붐볐는데 넓은 계단이 텅 비어서이다.

"전쟁이에요, 전쟁…."

통화 중이던 휴대전화를 내려놓으며 회계사가 반갑게 맞아 주었다.

"코로나바이러스 전염병 피해로 정부 보조금 신청하는 손님들이 많아 정신없이 바빠졌어요."

여태껏 숨어있던 회사들도 물 위로 올라와 정부 보조금(Job Keeper) 신청하고 보조금을 탄 이후에는 다시 사라지는 회사들이 수두룩할 거라고도 했다. 시내 대부분 가게가 문 닫고(Lock Down) 시내가 조용했다. 가게 앞을 지날 때면 눈인사 나누고, 커피를 나누던 가게 주인들, 내 손님이요, 친구들인데 이를 어쩌나 싶었다.

중국 우한시에서 시작된 코로나바이러스 전염병을 나도 겪었다. 며칠 전 오후부터 입안에서 목으로 꺾이는 부분이 평소와는 달리 건조하고, 모래가 얇게 뿌려진 듯도 한 느낌이 왔다. 마른기침이 자주 나오고 침을 삼킬 때면 마뜩잖았다.

목이 좀 답답해졌다. 왜 이렇지? 감기 때면 콧물이 나오고, 목소리가 쉬고 열이 나는데 보통 때 감기와는 달리 증상이 생소했다. 어쩜 이런 게 코로나바이러스 감염 증상인가보다 여겨지자, 겁이 덜컥 났다. 어떻게 할까? 탁자 위에 그동안 모아두었던 코로나바이러스 정보지에 실린 예방과 증상들을 읽어봤더니 초기 증상이 내가 겪고 있는 것과 똑같은데 놀랐다.

병원으로 연락할까 하고 병원 전화번호를 매만지다가 마음을 바꾸었다. 호주는 코로나바이러스 환자들을 퍼스(Perth) 옆 외딴섬으로 보내서 그곳에서 전염병 환자처럼 격리 치료한다는 끔찍한 말이 생각나서였다. '감기 일종' 이야 하는 말에 힘을 얻어 자가 치료를 해 보기로 했다.

맨 먼저 목감기 한약 한 팩과 광동쌍화탕 한 병을 전자레인지에 따끈하게 데워 마셨다. 그리고 온수 침대 온도를 높인 후, 두꺼운 극세사 이불을 꺼내서 푹 덮고는 일찍 자리에 들었다. 약 덕분이었던지 잠을 깊게 잘 잤다. 다음 날 아침, 몸은 가뿐한데 입안과 목 부분은 여전히 불편했다.

전날보다는 덜하지만 마른기침은 여전했다. 요 녀석을 어떻게 쫓아낼까 하고는 또 한 번 목감기 한약 한 팩과 광동쌍화탕 한 병을 따끈하게 데워서 마셨다. 그리고 감기약 코드랄(Codral) 캔디를 계속 입안에서 녹이며 목안을 달랬다. 코로나바이러스 예방, 퇴치에 효과 있다는 생강차를 물통 가득 끓여 조금씩 계속 마시고, 비타민 C 1000mg도 하루에 두 차례씩 먹어줬다. 살찐다고 안 먹던 태즈메이니아 벌꿀도 사 와서 숟가락으로 듬뿍 떠서 조금씩 입안에서 녹이며 먹어줬다. 3일째부터는 기침도 안 나오고 몸 상태가 좋아졌다. '아, 코로나바이러스가 날 찾아오기는 왔는데, 내 몸속으로는 못 들어오고 사라졌구나!' 여겨졌다. 세계가 공포에 떨고 몸살을 앓고 있다. 병실 부족, 의료기구 부족은 물론이고 코비드 19 사망자들 장례지가 없어서 애를 먹고 있다 한다. 미국 경우 사망자들을 외딴섬으로 옮겨 커다란 구덩이를 파서 묻고 있다고 텔레비전에서 비쳤다.

유튜브에 뜬 동영상 미국 플로리다주에서 노부부(남편 74세, 부인 72세)는 코로나바이러스 감염으로 한 병실에서 한날한시에 둘이서 손을 꼭 잡고 세상을 떠났다는 슬픈 사연과 또 엄마가 코로나바이러스 환자로 격리되어 있는데 엄마 곁에 갈 수 없어 유리창 밖에서 휴대전화로만 통화하고, 임종하는 엄마를 창밖에서 지켜보며, 마지막 작별을 고했다는 기사가 안타깝고 슬펐다.

미국에서는 교회가 사회적 거리 두기로, 각자의 차 안에 앉아 주차장에 모여 기도한다는 Park and Pray 동영상이 돌고 있다.

먼지보다 작은 요 쪼끄만 미생물 코로나바이러스 녀석은 발 없는 무법자로 세계를 휩쓸고 다닌다. 세계 180 국가에 흩어져 아직도 공포심을 유발하고 있다. 오늘 아침 뉴스에 의하면 5월 4일 현재 세계 코로나바이러스 감염자가 3,560,000만 명 넘었고 사망자가 247,000명이라 한다.

미국은 확진자 1,190,000명, 사망자 68,600명이 넘어 영안실, 병실도 부족하다 한다. 트럼프 대통령은 코로나바이러스와의 전쟁은 1917년 세계대전 이후 사상 최대의 전쟁으로 1941년 진주만 공격(사망자 2,000명), 2001년 9·11 미국 테러(사망자 3,000명) 때보다도 더 많은 사망자가 나오는 최악의 상황이 될 것이라고 했다.

확진자 숫자와 사망자는 더욱 늘어날 추세라 한다. 코로나바이러스 감염에 아직은 특효약이 없고, 지난 이십 년간 아프리카에서 수천억을 투자하여 말라리아 백신 개발을 하는 빌 게이츠 역시 코로나바이러스 백신 개발, 치료제로 사용하기까지는 일 년 이상 걸린다고 했다.

이 혼란 속에서 무엇을 해야 하는지 모르겠고 내 숨소리만 들린다. 집에만 있는 생활이 두 달째이다. 처음에는 화분 분갈이도 하고, 옷장들 정리하는 일도 했다, 한국방송 '세계 테마 기행'을 2016년부터 최근까지 거의 120회가 넘는 여러 나라 소개 기행 프로그램을 다 보았다. 거실 소파에 앉아 세계 여행을 한 것이다. 마른행주들 전부 모아 삶아 말리는 일까지 마치고 나니 이제는 하루가 너무 길다. 마음 같아서는 '힘들어요' 하는 가게주인들에게 커피 한잔 사 들고 가서 따뜻한 이야기들 나누고 싶은데, 그러지도 못한다. 시드니 사방을 운전해 다니며 일하던 전에 일상이 그립고 구름 걷힌 파란 하늘에 시끌벅적한 사람 소리가 그립다.

'아프리카 오지의 나라 챠드'의 문인 '무스타파 달렙의 글 '코로나바이러스가 인류에게 보내는 편지'를 읽어 본다.

아무것도 아닌 '그 하찮은 것'에 의해 흔들리는 인류

그리고 무너지는 사회.

보이지 않는 어떤 것 인가가 나타나서는 자신의 법칙을 고집한다.

그것은 모든 것에 새로운 의문을 던지고

이미 안착한 규칙들을 재배치한다. 다르게…. 새롭게

서방의 강국들이 시리아, 리비아 예멘에서 얻어내지 못한

(휴전, 전투 중단)

그것들을 이 조그만 미생물은 해내었다.

알제리 군대가 못 막아내던 리프 지역 시위에 종지부를 찍게도 했다.

기업들이 못해내던 일도 해냈다.

세금 낮추기 혹은 면제, 무이자, 투자 기금 끌어오기,

시위대와 조합들이 못 얻어낸 유류 가격 낮추기,

이 작은 미생물이 성취해 내었다.

순식간에 우리는 매연, 공기 오염이 줄었음을…….

깨닫게 되었고 시간이 갑자기 생겨 뭘 할지 모르는 정도가 되었다.

부모들은 자신의 아이들에 대해 알아가기 시작했고,

일은 더는 삶에서 우선이 아니고, 여행, 여가도

성공한 삶의 척도가 아님을 깨닫기 시작했다.

우리는 가난하거나 부자거나 모두 한배에 타고 있고

병원은 만원으로 들어차 있고 더는 돈으로 해결되는 문제들이

아님을 깨닫게 되었다.

코로나바이러스 앞에서는 우린 모두 똑같이 연약한 존재일 뿐이다.

외출할 수 없는 주인들 때문에 차고 안에서 최고급 차들이 잠자고 있다.
공포가 모든 사람을 사로잡았다.

우리에게 인류임을 자각시키고 우리의 휴머니즘을 일깨우며….
화성에 가서 살고, 복제인간을 만들고 영원히 살기를 바라던
우리 인류에게
그 한계를 깨닫게 해주었다.
단 며칠이면 충분했다.
확신이 불확실로… 힘이 연약함으로,
인간은 그저 숨 하나, 먼지일 뿐임을 깨닫는 것도….

우리의 휴머니티가 무엇인지 질문해보자.
이 유행병이 주는 여러 가지를 묵상해보고
살아있는 우리 자신을 사랑하자….

- 0 -

2020. 5. 4.

Part III

멋있는 황혼

일주일에 한 번 시니어 모임에서 운영하는 댄스 클럽에 나가는 친구 S를 연말에 만났다.

자리에 앉자마자 그 친구는,

"그 영감탱이 그렇게 보지 않았는데 영 글렀어. 글쎄 나 보고 연애하자고 하더라니까."

생뚱맞은 친구 말에 웃음이 터지려는 걸 참았다.

"와…. 영광이네! 자기는 70 다 된 나이에 프러포즈하는 사람도 있고."

그 친구 말은 그냥 만나 밥 먹고 차 마시는 친구가 아니라 찐하게 만나는 걸 요구하더라는 것이다. 아담한 체구에 나이보다 젊어 보이고, 성품이 여성스러운 그 친구는 남편 사별 후 혼자 지내는 중인데 그 남자분에게 매력적으로 보였던 게다. 괜찮아. 만나보지 그래 했더니, 에이!

징그러워, 안 만날 거야, 미워서 구두 뒤 굽으로 그 노인 발등을 꽉 밟아 주고 나왔어. 머리까지 살래살래 저으며 아니라고 했다.

글쎄다, 그게 진심이었을까 싶다. 빈 침대 혼자 지킬 때면 가끔은 그런 따뜻한 관심이 생각날 때도 있었을 텐데, 하는 말은 입속에만 담고 밥 숟가락질만 계속했다.

몇 해 전, 거실 소파에 앉아 켜진 텔레비전에 무심코 눈을 주고 있는데, 모 방송 프로그램 중 충청도 어느 시골 마을에 사는 97세의 노인의 삶이 비쳤다. 무척 감명 깊었다. 시골집 누런 비닐 장판 위에 누워 팔다리를 힘차게 뻗어 가며 자신이 개발한 체조라며 운동도 하고, 장작도 패고, 집안 살림하고 매일매일 체조하며 근력을 유지하고, 취미로 화초를 기른다고 했다. 나이를 말하지 않으면 60세 후반 정도의 시골 노인으로 비췄다. 동네 사람들과 어울려 생활하는 데 전혀 불편함이 없어 보였다. 작달막한 키에 97세의 노인으로는 전혀 뵈지 않았다.

마을회관에서 베풀어진 30명 정도의 비슷한 노인들의 남녀 모임에서 식사를 하면서 '여기 모인 사람들은 모두 내 친구예요.' 그리고 할아버지 곁에 앉아 있는 80세쯤 되어 보이는 할머니를 가리키며 아나운서가 '이 사람은 누구세요?' 하고 물으니 '이 사람은 내 애인이에요.' 아무 거리낌도 주저함도 없이 당당히 웃는 얼굴로 말하는 그 할아버지 모습에 순간 웃음이 났으나 그 뱃심이 무척 멋져 보였다. 그 할머니 어깨를 꼭 끌어안아 주면서 '내가 할 수 있는 한, 이 사람 곁에 오래 있어 주고 싶어요. 100세까지는 최소한 살아야겠어요.' 하는 할아버지. 그 당당함에 박수를 보내고 싶었다.

삶에 대한 긍정적, 건강한 모습도 대단하게 여겨졌지만 많은 시청자가 보고 있는 방송 중에 '이 사람은 내 애인이에요.' 할 수 있는 그 용기와 기백이, 자신감이 놀라웠다. 애인을 태우고 산 아래 있는 마을로 능숙하게 운전하여 다니는 할아버지. 그건 살아있는 황혼의 블루스 포스터 그림이었다. 20년 전만 해도 시골에서 이런 용기는 찾아보기 힘들었을 것이다. 그 나이에 애인이 있다고 해도 아마도 겉으로 드러내지 못하고 쉬쉬하며 지냈을 것이다. 더구나 도시가 아닌 시골에서 말이다.

67세와 65세의 두 딸이 할아버지의 97세 생신 축하 꽃다발과 케이크를 들고 왔다. 100세까지는 사시길 바란다면서 열 살짜리 양초 10개를 꽂아서 케이크와 준비해 왔다. 딸이라기 보다는 친구들이라고 소개하던 나이 든 다른 할머니와 같았다.

실제로 시드니에서 있었던 일이다. 80세 할머니와 76세 할아버지가 양로원에서 만나 열애가 시작되었다고 한다. 나이 들어가도 겉모습만 늙고 속마음은 여전한지, 젊은 사람들처럼 육체적 만남까지 열렬히 가지며 사귀었다. 같은 또래 할머니들은 그들을 부러워하기도 하고 시샘도 하고 쉬쉬하며 흉을 보기도 했다. 분홍 블라우스 차림에 하얀 바지 할머니가 입술에 빨간 루주를 바르고 핸드백을 살랑거리며 양로원 가는 날은 할머니에게는 봄날이었다. 그 할머니 가슴속은 옷깃으로 들어오는 따스한 봄바람으로 가득 찼었다.

그런데 어느 날 한국에서 할머니의 큰딸이 시드니에 왔다. 딸은 이 할머니의 남자친구에 대해 알게 되었다. 그 딸은 암말 하지 않고 비행기표를 할머니 것까지 사서는 한국으로 모시고 가서, 서울에 있는 양로원에 보냈다고 했다. 남 보기 창피하고 주책이라고 투덜대면서 말이다. 길도 먼 서울, 양로원 울타리 안에서 먼 호주 하늘을 바라보며 그 할머니는 얼마나 그 할아버지가 보고 싶었을까?

나는, 우리는 100세 시대를 운운하면서 얼마만큼 100세 시대의 생각과 사고를, 그리고 그들의 사랑을 이해하고 사는 걸까. 머잖아 돌아가실 것인데 하며 뒷방에 앉아 서 주는 밥이나 챙겨 먹고, 죽기만을 기다리고 있는 자식들은 아닌가. 마른 가슴속에 아직도 타다 남은 불씨가 시그라지지 않고 잿더미 속에 남아 있음을 생각조차 주어본 적 없이, 창피하고 주책이라고 만 투덜대어오던 건 아닌지 한 번쯤 생각해봐야 할 것 같다. 몸은 나이가 들어도 감정과 사랑은 늙지 않고 죽는 날까지 영원히 가는 것 같다. 70, 80대 할머니, 할아버지 대다수는 필연의 연인이 나타난다면 외로움과 그리움에서 벗어나 사랑도 속삭여 보고 아름다운 추억도 만들어 보고 싶다고 한다. 젊은 사람들은, 자식들은 모른다.

고목에 피어난 꽃들을 어여삐 보아주고 사랑해 준다면 시니어 모임을 향하는 노인들의 발길은 더 신나고 가벼워지리라. 검은색 승용차 옆 좌석에 애인 할머니를 태우고 시골길 굽이굽이 돌며 웃음을 날리던 97세의 할아버지, 정말 멋있는 한 장면, 멋있는 황혼이란 생각이 며칠이 지나도 문득문득 떠오르고, 박수를 보내고 싶어졌다. 내게도 그 나이에 그만한 삶의 기백과 자신감이 남아 있으려나?

사지 없는 삶(닉 부이치치)

2010년 10월쯤으로 기억된다. 회사 출근 전 잠시 소파에 앉아 텔레비전 화면에 무심코 눈을 주고 있었다. MBC 방송 '아침마당' 방송 중이었다. 후덕한 맏며느리의 인상을 주는 아나운서 앞으로 통역 맡은 목사님이 손과 발이 없는, 머리와 몸통만 있는 닉 부이치치 마치 상자를 올려놓는 것처럼 안고 와 홀 중앙 탁자 위에 올려놓았다.

하마터면 커피잔을 손에서 떨어뜨릴 뻔했다. 놀라움에 눈이 동그래지고 입은 다물어질 줄 몰랐다. 화면 가까이 다가가 볼륨을 높인 후 점점 방송을 눈여겨봤다. 놀랄 만한 일은 닉 부이치치의 모습뿐만이 아니라 웃음 띤 얼굴로 말하는 그가 품어내는 언어들 또한 상상을 초월하는 수준이었다. 저 모습으로 어쩜 저토록 밝은 표정을 가질 수 있을까? 선한 눈매와 잘생긴 얼굴, 웃음을 머금은 그의 한마디 한마디는 한지에 스미는 먹물보다 더 진한 감동으로 가슴에 스며들었다.

닉 부이치치는 1982년 호주 브리즈번에서 태어났다. 태어날 때부터 손과 발이 없는 장애인으로 금발 곱슬머리에 몸통과 손바닥만 한 크기의 발에 발가락 하나가 전부이다. 성장을 멈춘 듯한 발로 그는 수영하고 컴퓨터를 치고, 서핑을 즐기며 아이폰 메시지를 일 분에 130자 보낸다고 한다. 얼마나 헤아릴 수 없는, 피나는 노력의 반복 후 저 정도 능숙해질 수 있었을까를 생각하니 정말로 감탄하지 않을 수 없었다.

그는 〈사지 없는 삶〉의 대표로 세계 여러 나라를 다니며 복음과 희망 잃은 곳을 찾아다니는 희망 전도사이다. 2015년까지 일정이 잡혔다 하니 그의 활동은 과히 짐작하고도 남음이 있다. 애잔한 눈빛과 맑은 샘물처럼 생생하게 적셔져 오는 그의 메시지는,

"손도 없어요. 발도 없어요. 불가능도 없어요. 매일매일 화를 낼 것 인가, 상황을 변화시킬 것 인가를 생각하세요. 목적을 향해 한 번에 한 발짝씩 다가가야 해요. 누구도 이 세상에 실수로 태어난 사람은 없답니다. 넘어지면 다시

일어나고 절대로 포기하지 말아야 해요. 포기하기 전까지는 희망이 있습니다. 안되는 게 아니라 될 때까지 노력하지 않는 것입니다. 이것도 할 수 없어, 저것도 할 수 없어서 아니라 이것도 할 수 있다고 저것도 할 수 있어 하고 생각하면 성공에 이릅니다. 포옹은 목과 어깨만으로도 할 수 있습니다. 이 세상에는 안을 수 없는 사람이 없고 한 사람을 안아 줄 수 있을 때 그 사람은 많은 가치를 가지게 됩니다. 손발을 가지고도 불행하게 사는 사람들을 많이 보았는데 사람의 가치는 외모에 있지 않고 왜 사는지에 대한 삶의 소명을 아는 게 중요합니다. 하나님이 나를 이렇게 보내신 것은 희망을 잃은 사람들에게 희망 메시지를 전하라고 보내신 것으로 생각합니다. 자살하는 사람들을 보면 너무 안타깝습니다. 손발이 있고 희망이 있는데 싫어서입니다. 눈에 보이지 않는다고 희망이 없다고 생각하지 마세요. 내게는 보이는 것은 한 뼘 남짓 작은 다리이지만 또 하나의 작은 다리가 바지 속에 숨어 있어요. 항상 희망은 숨어 있는 것이랍니다."

계속 이어지는 그의 말들에 취해 출근 시간도 잊은 채 가슴은 감동으로 벅차 왔다.

"인생은 항상 더 힘든 시간도 있고 더 행복한 시간도 있다. 힘든 시간과 행복한 시간 틈 사이에서 많은 생각을 하게 되고 인간은 성숙하고 인격적인 삶으로 성장하는 것이다. 언제나 따뜻한 엄마와 가정이 있어서 좋았고 더 많은 장애를 갖게 될까 봐 두려웠으며 외로움이 싫었다."

그의 말에서는 가슴이 뭉클해져 왔다.

그의 부모님은 그를 장애인 학교에 보내지 않고 보통 학교에 입학시켰다. 어렸을 때 학교에서 놀림을 많이 당했다 한다. 그런 자신을 집에 오면 어머니는 "걱정하지 말아라, 너는 특별한 아이란다." 하면서 어머니께서 항상 용기를 주었다. 여덟 살 때는 다른 사람에게 더 짐이 되지 않으려 자살하려 했었다.

그건 욕조에 물을 가득 채워 물속에 잠겨 죽는 방법이었다. 어머니에게 욕조에 물을 가득 채우게 하고 두 번을 시도하였으나 죽지 못했고 세 번째 자살 시도하는데 눈앞에 자신의 무덤 앞에 검은 상복 입은 어머니가 서럽게 우는 모습이 보였다. 그때 그는 이 세상 어떤 일이 있어도 어머니를 슬프게 해서는 절대로 안 된다는 생각이 엄습하여 자살을 포기하고 살기로 하였다 한다. 그가 가장 사랑하는 것은 부모님이며 자신의 부모님이 안 계셨으면 지금의 자신은 없었을 것이라 했다. 그의 형제와 사촌들은 모두 유머가 많은 밝은 성품의 가족들이라고도 했다.

〈테트라 아멜리아 증후군〉이라는 희소병으로 사지 없이 태어난 부이치치는 어린 시절 자신의 상황에 절망하기도 했었지만, 본인의 노력과 부모의 도움으로 절망을 극복했다. 그는 호주 그리피스 대학에서 회계학과 재무 설계학 학사 학위를 받은 뒤 지금까지 24개국을 돌며 300만 명이 넘는 사람들에게 강연했다.

그가 쓴 '사지 없는 인생'과 '부이치치의 포옹'은 전 세계에 잘 알려져 있다. 올해 29세인 닉 부이치치는 지난 2월 12일 미국 캘리포니아에서 일본계 카나에 미야하라와 결혼식을 올리고 하와이에서 여느 신혼부부들처럼 수영복 차림에 사진도 찍으며 신혼여행을 즐겼다 한다.

세계를 다니며 강연을 하게 된 것은 19살 때부터 인데 첫 강연이 끝나자 한 어린 소녀가 단상에 올라와 고맙다는 말과 함께 자신을 등 뒤에서 목과 얼굴로 안아주었다. 그때 그 소녀가 했던 '아이 러브 유'라는 말이 용기를 갖게 했고 그 이후부터 사람들 앞에서 희망 메시지를 전하게 되었다 했다.

"저는 모든 꿈과 가치를 모두 이루었어요. 저에게는 더 큰 꿈과 희망이 있었기에 지금껏 살아올 수 있었어요. 자신은 내가 어디까지 할 수 있나의 한계를 정할 수 있다. 안 되는 게 아니라 될 때까지 노력하지 않는 것입니다. 여러분은 혼자가 아닙니다. 인생을 감사하도록 노력하세요. 오늘이 여러분이 살 수 있는 마지막 날이라 할 때 누구에게 감사하고, 누구에게 미안해할 것인지 생각하세요. 살아가는 데는 사랑과 관계가 중요합니다. 사랑하는 사람을 정말 사랑하는 데 노력하세요."

이다음 자신의 아이가 태어나면 아이에게 '네 모습 이대로 너무 아름답다.'라고 말하고 싶다는 그는 장애인 이라고는 도저히 믿기지 않는 환한 웃음을 머금은 한 송이 백합꽃이었다. 희망 메시지를 듣는 동안 그에 비하면 나는 그야말로 하찮은 불편을 힘들다고 투덜대며 살아왔구나! 여겨졌고, 저 몸과 저 손발로 저토록 이루어 내었는데 내가 힘들게 여겨지던 일들은 닉 부이치치에 비하면 우습기까지 한 엄살로 여겨졌다.

난 지금까지 살면서 손과 발이 있음을 감사하게 느껴본 적이 없었던 듯하다. 내 몸 신체 중의 하나로 늘 있었기에 당연하게 여기며 살았던 손과 발을 새삼스레 맞잡아도 보고 왼손을 오른팔에 올려 쓰다듬어 본다. 내 몸에 건강하게 붙어 있으면서 온갖 시중 다 해주고 내가 가고자 하는 곳으로 언제나 푸념하지 않고 데려다준 건강한 발과 다리가 오늘따라 여간 고마운 게 아니다.

어느 것 하나 놓치고 싶지 않은 그의 말들이 부슬부슬 내리는 초여름 비 물안개 속에 다시 여울져 온다. 손과 발이 멀쩡한데 나는 사지 없는 삶으로 살아온 때는 없었는지 반추해본다.

왜 사는지에 대한 삶의 소명에 대해, 그리고 쉽게 포기하고 쉽게 절망하는 습성을 지닌 나는 닉 부이치치가 보여준 해맑은 웃음의 희망 메시지를 깊이 있게 숙고해 봐야 할 것 같다. 손과 발을 다 가지고 있는 나는 존재 자체가 희망이고 행복이므로.

2010. 12.

불나비 실루엣(Silhouette)

회사 옆 카페에서 카푸치노 두 잔을 사 들고 길 건너 노스 쇼어(North Shore) 병원에 입원해 있는 레베카 병문안을 다녀왔다. 커피 맛을 보는 게 오랜만이라며 수척해진 얼굴에 가냘픈 웃음을 머금고 한 모금씩 커피를 마시는 모습이 병실에 머무는 내내 가슴 한쪽이 아렸다. 아담한 체형에 눈웃음치며 청순한 느낌마저 드는 얼굴인데 마음고생이 심했던지 몰라보게 수척해져 있었다.

레베카의 모습에서 문득 초등학교 때 방학 때면 놀러 갔던 시골 친척 집에서 보던 불나비가 생각났다. 열 채 남짓의 초가집들이 옹기종기 모여 사는 시골 마을이었다. 마당에 펴진 멍석 위에 그 집에 사는 아이들과 줄줄이 누워 모깃불 풀 냄새 맡으며 밤하늘에 총총 떠 있는 별들을 세었다.

전기가 없던 시절이다. 방안은 석유 등잔불이 방을 밝히고 석유 남포등은 마루 끝 댓돌 위에 가지런히 놓인 고무신을 비췄다. 작은 나방들이 불빛을 보고 날아들었다. 나방들은 작은 날개를 활짝 펴고 날아들었다가는 달구어져 뜨거운 남포등 유리에 부딪히면 놀라 도망갔다가 뜨거움을 잠시 잊었는지 또 날아들었다가 나중에는 죽었다. 불빛을 사랑하는 나비들이 날개를 태우고 불구의 나비 '불나비'가 되어 등잔 밑에 죽어 갔다. 아침이면 남포등 밑에 죽은 나방들의 모습이 레베카의 모습과 겹쳐졌다.

두 아들 교육에 열심인 레베카는 한국에 사는 남편과 떨어져 시드니에서 아이들과 기러기 엄마로 생활하고 있다. 자식들이 자라 대학교에 다니게 되고부터는 각자 생활하게 되어 레베카는 더욱 외로움을 느끼게 되었다. 마음 붙일 곳을 찾아 골프도 하고 다른 취미 활동 모임에도 나가는데, 이번 병의 원인은 레베카가 즐겨 나가던 합창 모임에서 자신이 한 발언이 지휘자 귀에 거슬리게 들린 것이었다. 합창 대원들은 쑥덕이고, 상대가 지휘자이다 보니 평소 친하게 지내던 단원들까지도 레베카 말은 들어주지 않고, 지휘자 편을 드는 대세에 합세하였다. 외톨이가 된 레베카의 심적 고통은 어느 곳에서도 위로 받을 수 없어졌고, 병원에 입원까지 하게 된 것이다.

이민 생활 철학 중의 하나가 떠올랐다. 누가 일러준 것이 아니라 세월과 함께 스스로 깨달은 나만의 생활 철학이기도 하다. '이민 생활 중에 만난 사람들과는, 너무 가까이 가지도 말고 너무 믿지 말고, 너무 마음을 주지도 마세요.'이다. 적당히 과장하고, 적당히 웃고, 적당히 예의 바르고, 적당히 감추고 살아야 한다는 뜻이다. 합창 모임에서 레베카도 적당한 거리에서 회원들의 정을 느끼면 좋았을 것을 너무 가까이 다가갔기에 남포등에 날개를 태우게 된 것이다.

교민 잡지 뒷면을 보면 별의별 모임 이름과 연락처들이 즐비하다. 황해 도민회, 오륙도 향우회, 해군 총무회 등 64개의 단체가 있다. 가끔은 이런 모임도 다 있네! 하고 웃게 된다. 한 가지라도 공통점이 있는 사람들끼리 모여 외로움을 덜고 정을 나눠 보자는 의도가 아닐까 여겨진다.

악어는 어금니가 없다고 한다. 먹이를 모두 일단 삼켜서 위안에 있는 단단한 살덩이에 맷돌처럼 갈아 소화시킨다고 한다. 이 살덩이 맷돌은 몸의 중심을 잡고 있어서 절대로 뒤집히는 일이 없다고 했다. 나는 속상한 말들을 모두 삼킬 단단한 살덩이도 없고 맷돌처럼 갈아서 소화시킬 능력도 없어서, 속상한 일이 있을 때면 끙끙대며 밤잠을 설친다. 몸의 중심을, 스스로 균형 잡으며 산다는 것은 이민 생활에서 결코 쉬운 일이 아니다. 따뜻한 곳을 찾아 쉽게 날아가는 불나비, 레베카는 외로움에 쫓긴 나비가 되어 불 찾아 날아들어 갔다가 깃만을 태우는 게 아니라 몸마저 사른 것이다.

면회 시간이 끝나고 약간 경사진 병원 앞길을 뚜벅뚜벅 내려오는데 병실 창가에서 유리창 너머로 내 뒷모습을 지켜보고 서 있을 레베카의 눈길이 등 뒤로 느껴졌다. 회사에 와서도 그 여운이 길게 느껴졌다.

요즈음은 모든 일을 알아서 척척 전해주는 스마트 폰 시대에 살고 있는데 얼마 있지 않아 좁은 주차 공간에서도 알아서 자동으로 주차를 해주고, 운전자가 졸고 운전을 하면 깨워 주기도 하는 스마트 자동차가 곧 출시된다.고 한다. 이민 사회에서 마음 놓고 응석 부리며 날아들어도 날개를 태우지 않는 불나비들의 마음을 두루두루 어루만져주는 따스한 스마트 남포등 시대가 온다면 참 좋겠다.

2011. 3.

마지막 가는 길

“글쎄, 장례식을 치르는데 아무도 없데요. 자식들에게 연락해도 아무도 거들떠보지도 않고 오지도 않겠다고 한다는구먼요. 그래서 하는 수 없이 신부님이 성당에서 장례식을 치르기로 했대요.”

이스트우드 식품점을 막 나오는데 아주머니 두 사람이 주고받는 대화에 귀가 쫑긋해졌다. 도대체 어떤 사람인데 그런 걸까? 식품점 아주머니에게 물었더니, “자식이 아들 둘에 딸 하나가 있는데 아버지가 돌아가셨다는 데도 모두 나 몰라라 한다는구먼요. 80 노인인데 젊었을 때 바람을 하도 많이 피우고 애들 엄마 맘고생 너무 많이 시켜서 자식들이 모두 아빠를 남처럼 여기며 살아온 지가 오래라고 해요. 한국에서 호주 올 때도 다른 여자하고 이민 왔는데 어찌 된 일인지 혼자 양로원에 있다가 돌아가

셨대요."

그 사람의 살아온 행적이 어떠했는지는 장례식에 가보면 알 수 있다고 한다. 보통은 검정 정장 차림에 고인을 보내는 슬픈 마음으로 모여 추모하건만 그 할아버지는 아니었다. 장례식 참석 객들이 한 삽 한 삽 부어주는 흙을 이불 삼아 땅속에 잠들 텐데 한 뼘 묘지 장만해줄 사람이 그 할아버지 주변에는 아무도 없어서 화장하여 강에 날렸다고 했다.

세상을 떠나가는데 누구도 내가 없어졌음을 슬퍼하지 않는다는 사실은 얼마나 끔찍한 일인가! 자식들과 아내에게 얼마나 심하게 살아왔으면, 장례식에 오지도 않고, 납골 상자도 안 받겠다고 했을까?

지난해 일이다. 본다이에 사는 김 여사 병문안하러 갔었다. 김 여사는 명문 Y 대학교 졸업 후, 미국에서 대학원 졸업, 현지 외교관과 결혼하여 아들 하나 딸 둘을 두었다, 김 여사는 평소 아이들 교육에 유별났다. 아이들이 교회 가겠다고 하면 '대신 내가 기도해 줄 터이니 공부나 해라.' 하며 고액과외시키고 열심히 공부시켜 아들은 의사가 되었고, 두 딸은 회계사, 의사가 되었다. 암으로 고생

하는 김 여사 병실에서 나눈 이야기이다.

'아이들이 이기적이고 인간적인 면에서 남보다 못한 인간으로 자라고 말았어요.' 하며 서럽게 울었다. 병원에 입원 하기 얼마 전 몸이 불편하여 동네 산책 중 불현듯 딸이 생각나서 딸 집 초인종을 눌렀더니 찡그린 얼굴로 아파트 현관문을 빼꼼히 열더니 딸 하는 말이, '엄마는 왜 예약도 안 하고 우리 집에 왔어요!' 하며 버럭 소리를 질러 어안이 벙벙해지고 말았다 했다.

"나 죽으면 돈 나눠 가지려고 셋 다 나 죽기 기다리고 있어요. 이웃에 나눠주고 정 주고 살 것을 왜 그리 짠순이 소리 들으며 살았는지 후회가 되어요."

세 번째 암 수술 후에 자녀들은 챙길 것 챙겼고, 더 치료해줄 마음이 없는지 엄마를 6인용 병실에 내버려 두고 있다고도 했다. 얼마 전 동영상에서 나이든 엄마가 쓴 감동 글이다.

"둘째 며느리 집에 갔다가 나는 가슴 따뜻한 며느리의 마음을 느꼈다. 아파트 현관문의 비밀 번호가 우리 집과 같았기 때문이다. 엄마가 오더라도 언제라도 자유롭게 문을 열라는 뜻이었다. 그 사소한 것이 나를 행복하게 했다. 언제라도 내가 마음 놓고 문을 열 수 있게 해 놓은 것, 그 마음이 어느 것보다 기분을 좋게 했다."

노무현 대통령 돌아가셨을 때, 나는 왜 그 많은 국민이 울며 서러워했는지를 이해하지 못했다. 들리는 이야기로는 참여정부 1년 되었을 때 대통령 퇴진을 요구하며 온 국민이 떠들썩한 것으로 알고 있고, 영부인께서 비자금을 받은 혐의로 검찰에 조사 중이었을 때 노무현 대통령이 뒷산 바위에서 굴러내려 스스로 목숨을 끊은 것으로 아는데, 왜 수많은 국민이 노란 풍선을 날리며 거리마다 곳곳마다 울음바다 홍수를 이루었는지… 지금도 나는 잘 모른다. 그분의 행적과 인품을 다 알지는 못하여도 한 가지는 안다.

많은 국민이 함께 그의 죽음을 슬퍼했다는 공유 사실 하나만으로 무언가 그분만이 가지고 있었던 진귀한 인간애가 있었구나! 하는 점이다. 그 느낌에서 덩달아 슬퍼졌다. 마지막 영결식에서 한명숙 전 국무총리가 읽는 조사에서 '미리 지켜드리지 못하여 죄송합니다.' 하는 구절에서는 나도 눈물이 났다.

며칠 전, 오래전에 보았던 닥터 지바고 영화를 다시 보았다. 작품의 구성과 짜임새가 정말 빼어났다고 여겨졌으며 성숙한 이해심으로 주인공 지바고와 라라의 사랑이 가슴에 와닿았다. 두 사람의 사랑도 아름다웠으나 영화의 거의 마지막 부분에서 닥터 지바고 장례식에 끝없이 이어지는 조문객들을 보면서 지바고의 사촌이 말하는 대목이 너무 인상 깊었다.

"이렇게 많은 사람이 그를 사랑한 줄을 몰랐어요."

이민자로 살아온 나의 장례식장은 어떤 모습일까? 새삼 궁금해진다. 교회 교인들을 제하고는 장례식 참석 인원은 그리 많지 않을 것 같음이 왠지 쓸쓸해진다. 뒤돌아보니 남들 하는 자원봉사도 안 했고, 이웃 돕기 성금도 인색했으며 나눠주기, 베풀기에 옹색했던 자신이 새삼 부끄러워진다. 더욱더 마음가짐을 넓혀 더 많은 친구가 참석하고 좋은 말들의 추모를 아끼지 않게 살아야 하는 것은 아닐까 한다. 미국에서 이민 생활 오래 하던 교포들이 나이가 많아지면 한국으로 많이들 돌아간다. 고향에 묻히고 싶어서, 죽은 이후라도 외로움이 싫어서이다. 나 역시 한국으로 돌아갈까 봐, 하고 생각할 때가 있다. 이 세상을 떠날 때는 누군가의 짐이 되지 말고 한 뼘 남짓 내가 누울 자리 정도는 마련해두고 가야 할 것 같다.

커피 머그잔

나에겐 커피 머그잔 하나가 있다. 색상이 호화롭거나 모양이 별나게 잘생긴 것도 아닌데 40년 넘게 나와 같이 하고 있다. 딱 잘라 이것이라는 매력이 있는 것도 아닌데 마음이 자꾸 끌려 애용하게 된다.

밖은 남색에 안쪽은 연한 베이지색의 색상도 산뜻한 게 마음에 들었지만, 무엇보다 크기가 적당해서이다. 보통 커피잔은 한 모금의 아쉬움이 들지만, 이 머그잔은 보통 커피잔보다는 약간 크고 일반 머그잔보다는 약간 작은 크기가 내 커피 양에 알맞다. 두 손에 이 커피 머그잔을 받쳐들고 한 모금씩 마실 때면 고소한 커피 향기 속에 커피 머그잔을 닮은 내 친구가 떠오르곤 한다. 그리고 이내 보고 싶은 마음이 간절해진다. 서울과는 점점 더 먼 나라에 살게 되면서도 늘 그 친구가 생각나는 것은, 그 친구가 멋스럽거나 화사하지도 않고 수다스레 많은 말로 내 마음을 사려해서도 아닌, 그 친구가 가지고 있는 수수한 성품이 좋아서이다.

상임이와 나는 고등학교 때 한 반에서 만난 이후 장장 54년이 넘는 세월을 우리는 늘 끊어지지 않는 은은한 우정으로 이어져 왔다. 아들을 꼭 낳겠다고 아이들을 계속 낳아 딸 여덟을 낳은 후에야 아들을 낳은 딸 부잣집 첫째 딸이다. 그래서 그런지 상임이는 우리 또래 아이들보다 이해심도 많았고 포용력도 많아서 때로는 언니 같은 느낌을 주기도 한다. 이 친구와 한 방에서 자취한 것은 내 일생에 커다란 행운이었다는 생각이 지금도 든다. 모태 신앙인 친구는 새벽이면 일어나 새벽예배 다니는 것은 물론이고, 일요일이면 운동화를 내 것까지 칫솔로 빡빡 문질러 뽀얗게 씻어 햇볕이 잘 드는 부엌 쪽 담벼락에 세워 말렸다. 운동화 끈을 얼기설기 잘도 끼워 방문 앞 댓돌 위에 가지런히 놓아주고도 전혀 생색내지도 않았고, 밤중에 연탄불을 갈아야 하는 때도 잠든 나를 깨우지 않고 찬 바람에 내가 깰까 봐 부엌 쪽 미닫이문을 살그머니 여닫던 친구다.

둘이서 교대로 하기로 한, 방 청소도 내가 다 맡아할 터이니 나와 교회에 한 번만이라도 함께 나가보자고 전도하던 친구. 한번은 정말 어쩔 수 없어 교회를 따라갔었는데 이날 이후 나는 교회를 떠나서는 살 수 없는 사람이 되었다. 만약 그때 그 친구가 전도하지 않았다면 나는 힘들 때 어디에 기도하며 견디었을까? 자주 만날 수 없어도 서울에서 만나면 네가 나를 전도해 주어서 고마워하게 되고, 한결같은 푸근한 느낌은 마치 늘 내 옆에 있는 머그잔 같다. 무언의 동반자로 나와 애환을 함께한 이 커피 머그잔이 시간이 지날수록 더욱 진기하게 여겨지는 것은 내 친구 상임이를 닮아서 인 것 같다.

한국 갈 때면 첫날은 친정에 들른 후 시드니에서 필요한 물건들 쇼핑하고 출국하기 전날 밤은 상임이 집에서 자고 온다. 방바닥에 요를 깔고 뒹굴며 밤이 늦도록 이런 저런 지난 이야기에 꽃을 피우게 되는 데 그럴 때면 나이도 잊고 교복을 입은 여고생 시절로 돌아가 이야기 속에 빠져들곤 한다. 가끔 교복 이외에 사복을 한 벌씩 새로 마련하게 되면 서로 바꾸어 입고 외출하기도 했고 만나기 싫은 남학생은 대신 만나주고 찐빵을 얻어먹고 들어오기도 하는가 하면 때로는 연애 편지도 대신 써 주기도 했다.

요즈음에는 내가 하나씩 사다 주는 건강식품과 머드팩을 즐겨 사용하며 '네 덕분에 피부가 많이 좋아졌어야.' 하는데 나는 친구가 시상 반찬가게에서 골고루 사서 플라스틱 통에 밀봉하여 싸주는 밑반찬들을 가져다 친정언니가 싸주는 것처럼 고마운 마음으로 시드니에서 맛있게 먹는다.

지난해 설을 막 지났을 즈음 한국 갔을 때의 일이다. 그날도 다른 때와 마찬가지로 친구 집에서 자고 공항으로 가려는데 큼직한 플라스틱 통에 꼭꼭 싼 쑥인절미를 주면서 '설에 친정 갔다가 엄마가 싸 주셨던 쑥찰떡인데 남겨 두었어. 네가 온다는 말 듣고 옛날에 네가 쑥찰떡 맛있게 먹던 게 생각나서.' 하면서 웃는 친구의 훈훈한 미소가 따뜻했다. 사실이었다. 그때는 간식거리도 많지 않은 시대이었기도 하지만 설이나 추석 때 친구 집에서 만든 쑥을 섞어서 절구에 찧어 찹쌀 밥알이 듬성듬성 남아 있는 찰떡이 유난히 맛있었다. 둘이서 연탄아궁이 옆에 쭈그리고 앉아 불 위에 석쇠 걸고 구워 먹기도 하고 밥이 지어지면, 밥솥 뚜껑 열고 살짝 얹어 쪄 먹기도 했던 쑥 찰떡, 그러고 보니 참 오랜만이다. 나를 기억하며 내가 좋아하던 음식을 남겨두었다가 챙겨준 사랑이, 세상을 따뜻하게 하고 훈훈한 정으로 마음을 데워주는데, 앞가림하기에 정신없이 살아온 나의 옹색함이 돌아오는 비행기 안에서 부끄러워졌다.

50년 넘게 한결같은 우정으로 나와 같이 지내온 상임이 처럼, 이사를 하는 나를 따라다닌 커피 머그잔은 아마도 말을 하는 물건이라면 나와 함께한 보고 들은 세월을 종알거렸을 것이다. 베란다에 친 빨랫줄에 하얀 기저귀들이 나부끼는 오후에는 창가에 앉아 이 잔에 커피를 마시며 발코니 건너 정구장 풍경과 멀리 뵈는 섬 경도를 봤었고, 서울에서 회사에 다닐 때 스트레스 받을 때면, 창가에 앉아 빌딩 숲에 싸인 도심의 풍경을 창 너머로 내다보며 이 잔에 속상함을 담아 마셨었다.

친구네 따라 뉴질랜드에 가서 막상 겪어야 하는 힘든 이민 생활이 외로울 때면 이 잔에 끝없이 펼쳐진 푸른 잔디밭과 한적한 동네 풍경을 보며 고달픔을 마셨었다.

적잖은 이민 생활에서 나는 내 친구 상임이와 버금가는 친구를 아직 만나지 못했다. 생활이 바빠서 이었기보다는 더 좋은 삶의 질을 찾아 이곳저곳으로 이사를 해서인 것 같다. 늦은 시간이나 아무 때에 찾아가도 다정하게 나를 반겨줄 친구가 두 명 정도 시드니에 살았으면 참 좋겠다. 상임이가 그랬고 커피 머그잔이 그랬던 것처럼, 무언의 동반자로 나와 애환을 함께한 이 커피 머그잔이 시간이 지날수록 더욱 진기하게 여겨지는 것은 내 친구 상임이를 닮아서 인 것 같다.

고마워 금아야

금아야, 셋이서 함께 식사하고 수다 떨며 이야기들 나눈게 참 오랜만이었다. 그지. 멜본 잘 도착했니? 병원 일과 집을 오가며 열심히 살고 있을 네 모습이 눈앞에 떠 오른다. 4년 조금 지났더구나. 우리가 멜본에서 살 때 서로의 집 담 없이 오가며 이 집 저 집 식탁에 둘러앉아 허물없이 이야기들 나누며 S와 함께 살던 때가.

시드니에서 널 만나면 '고마워 금아야' 이 말을 꼭 너에게 해주고 싶었단다. 한번 꼭 안아 줘야지 했는데 그만 잊었어. 우리가 멜본을 떠난 이후에도 4년 넘도록 한결같이 J의 건강 염려해주고 문자, 동영상 보내주고, 우리들의 안부를 묻는 네가 참 고마웠어. 너는 우리보다 세 살 어린데도 여전히 속이 찬 큰언니처럼 두 노인의 수다를 듣고 있다가 가끔 싱긋 웃기만 하더구나.

지난 3월, 우리 집에서 저녁 식사를 S와 함께 나눈 후, 너는 멜본으로 떠났는데, 심술궂은 가을바람이 우리의 우정을 어쩜 엉뚱한 곳으로 몰아가지는 않았는지 노파심에 편지를 쓴다. 그날 저녁 식탁에서 자리를 거실로 옮겨 뽕잎 차를 마시며 셋이서 잡담하던 중 갑자기 S가 토해내는 소리에 너도 어안이 벙벙해하더구나.

"하나님이 며느리 꿈에 보여준 집이라고, 우리 동네도 좋은 집들 많다고, 누가 모기지 내줄 거냐고!" 버럭 화를 내며 일어서던 S의 행동을 넌 어떻게 느꼈니?

그날, S는 간다는 인사도 없이 계단을 총총 내려 차 안으로 들어가더니 문을 '쾅' 하고 닫던데, 차 소리가 들리지 않는 한참 후까지도 나는 베란다 난간에 기대어 밤공기 속에 S가 남기고 간 말들을 잠재우고 있었다.

며칠이 지나도 쉽게 가라앉질 않더라. 토하지 않고는 배길 수 없어, 카톡으로 S에게 문자를 보냈어. 속 좁은 내 글 너도 읽었지.

S야,

이도 또한 지나가겠지 해 보는데, 속이 가라앉질 않아

문자로 전한다.

언젠가,
'언니 같이 느껴져요.' 네가 하던 말과 내가 나이가 다섯 살 많아 하는 의식이 오늘은 말을 낮추어서 한다.

한집에서 한 식구처럼 같이 지내다가 이삿짐 트럭에 싣고, 멜본에서 시드니로 올 때는 너를 평생 보지 않고 지내려 했다. 그동안 4년이 지나서, 지난 크리스마스 때 내가 먼저 연락하고, 너희 가족에게 뷔페 음식 대접하고, 또 장마 속 일요일에 집밥을 준비할 때는 옛날의 정을 회복할 수 있기를 바랐다.

식사 후, 이야기 중 다시 신경질적인 너를 보면서 여전하구나 했다.

간다는 인사도 없이 토라져 현관을 나서는 네 모습에 어이가 없었다. 뭐가 또 그리 화가 났니? 내가 아들이 집 잘못 산 것 같더라 한 말 때문이었지? 틀린 말 아니다.

멜본으로 이사 가기 전, 여권 연장 신청서에 지인 사인이 필요해서 아들 집에 갔을 때, 집안을 본 적이 있어. 마루와 벽 사이에 곰팡이를 보며 집이 습하구나 여겼다. 길 아래에 움푹한 곳에 지어진 집은 '침수지역(Flooding area)'이어서 그런 것 아닐까 했다. 이 말도, 멜본에서 네가 대들며 쏟아내던 '남이야 그러든 말든 무슨 상관이야.'이니?

우리가 전혀 모르는 사이라면 식사를 같이할 필요도, 가족 이야기를 할 필요도 없겠지만, 나는 너와 30년 넘게 한동네에서 길 하나 사이로 살아서 멀리 사는 친형제보다도 더 가까운 '친한 사이'라고 여기며 지내왔다 우리가 '남이야 그러든 말든' 그런 사이이니? 다시 한번 묻는다. 맞니?

친한 친구 사이에서는 허물없이 이런저런 이야기할 수 있는 거란다. 친구가 앞치마 호주머니에 핸드폰 넣고 온종일 전화기 붙들고 지내면 '전화 중독이야.' 할 수도 있고, 친구가 신앙심도 없고, 목사님 되는 것 전혀 관심 없는 아들 목사 되길 원하는 말을 수년간 할 때는, 상황 파악 좀 해. 아들은 전혀 관심도 없잖아. 할 수도 있고, 우범지대라고 말하는 뱅스타운에 집을 샀으면 길 건너가 우범지대라고 하더라, '조심하라고 하더라.

내가 한 말들 모두가 멜본에서 네가 말하던 '남이야 그러든 말든'이니?

그렇다면, 우리는 친구도 아니고 친한 사이도 아니고, 같이 밥을 먹거나 만나는 일도 필요 없는 사이다. 친구끼리는 같이 부대끼며 이야기하다 보면 이런저런 이야기 허심탄회하게 나누게 돼. 그런 사이가 친구이고.

앞으로는 사실은 덮어두고 사탕발림 말만 할 터이니 너의 신경질적인 성질 나한테 더는 부리지 말아라. 그리고 식사를 같이하고, 갈 때는 간다는 인사 정도는 하고 가거라.

금아야

핸드폰 연락처에서 S의 이름도 지우고 다시는 안 볼 거야 하긴 했는데, 그게 그렇게 쉽니? 겹겹이 쌓인 묵은 정의 두께가 얼마인데. 너도 알듯이 S와 우리는 끊으래야 끊을 수 없는 사이잖아. 한국에서 남편들끼리 같은 회사 동료이어서 우리가 뉴질랜드에 이민 가게 되었고, 오클랜드에서 길 하나 사이로 각각 집을 사서 형제처럼 15년 가까이 울타리 없이 지냈잖아.

저녁을 먹고 나면 S와 가벼운 차림으로 저녁노을이 아름다운 미션베이로 내려가 갯 냄새 물씬 풍기는 바닷바람 온몸으로 쐬며 긴 해안로를 산책하고, 여름이면 이글거리는 태양에 데워진, 석양의 주홍빛 바닷물을 두 팔로 맘껏 가르며 수영하고는 수건으로 감싸고, 언덕 위 미도

뱅크 집에서 샤워하던 일들도 잊을 수 없단다.

무엇보다, 뉴질랜드 공항 도착하던 날, S 가족이 우리 가족을 비행장에서 픽업해와서 그 집 잔디밭에 바비큐 파티 준비해서 먼저 이민 온 가족들과 인사 나누며 환영 파티를 즐기고, 형제들처럼 오가며 지내던 뉴질랜드 생활은 S 가족을 빼고는 생각할 수 없단다.

그 집 발코니에서 멀리 뵈던 오클랜드 도시 정경이 얼마나 아름다웠냐. 마치 바다 위에 뜬 선상 도시처럼 높고 낮은 빌딩들이 그림처럼 펼쳐져 물 위에 떠 있고, 발코니 앞 풀밭에는 말들이 한가로이 풀을 뜯는 모습은 여기가 천국인 거야 했단다.

낮은 목제 울타리를 따라 텃밭에 한국에서 가져온 씨앗들로 가지, 토마토, 호박 등 여러 가지 채소들이 자라고 있는 게 평화롭고 보기 좋더구나. 도미 낚시 좋아하던 S 남편 덕분에 싱싱한 도미 사시미도 많이 먹었고, 생선회를 뜨고 난 머리와 뼈를 넣고 호박을 듬성듬성 썰어 넣어 바로 끓인 매운탕도 참 맛있었어. 너희 가족도 몇 차례 그 집 식탁에 둘러앉아 함께 식사하며 환담하던 것 기억나니? 한국은 추운 겨울인데 뉴질랜드 12월은 여름이었어. 그 집 정원에 활짝 핀 내 키보다 더 크게 자란 우아한 목련 꽃들을 한참을 쳐다봤던 게 지금도 기억이 새롭다.

우리가 모두 꿈꾸던 그림 같은 S의 생활이었어. 그지? 경사진 푸른 잔디 언덕에 지어진 크고 멋진 이층집에 살면서 S의 얼굴에는 항상 온화한 웃음이 베어져 있었어. 나는 S가 화를 내는 것을 본 적이 없어. 주변의 믿지 않는 가정 전도하던 선한 모습의 인자한 우리들의 맏언니 였잖아. 그지. 환경이 성격을 지배하고 스트레스가 인품을 꼬이게 만드나 봐. 암으로 병원 생활하다가 세상을 떠난 남편 때문인지, 근심이 가슴속을 녹슬게 했나 봐. 옛 모습은 찾아볼 수 없고, 변한 S의 모습에 마음이 아프더라.….

무심코 한 우리들의 이야기 중에

"연립주택은 집값이 오르지 않아, 일반주택은 일 년에 십만 불씩은 오르는 것 같아, 일반주택을 살만한 돈이 있었는데 왜 연립주택을 샀는지 이해가 되지 않아" 내가 했던 말이 S의 자존심을 건들었나 봐. 나아진 게 아니라 초라해진 현재의 생활이 짜증스러워서였을 거야. 이다음 S를 만나면 우리가 좀 더 S를 이해하고 보듬어 주자.

금아야!

성 금요일 아침 기도실에서 기도 중, 뒤뜰 새로 지은 집 거실에서 J가 세 살쯤 되어 보이는 아들 녀석과 소곤소곤 이야기하는 모습을 하느님이 보여 주셨어. 그 옆에는 긴 치마를 입은 며느리인 듯한 여자가 서서 두 사람의 모습을 보고 있었어.

얼마나 기뻤는지 몰라. 40세가 넘은 J에게 내가 간절히 바라는 그림인 것 너도 알 거야.

"주님이 주검에서 살아나셨듯 J가 독신자 사고에서 벗어나, 다른 집 아이들처럼 결혼하여 가정 이루고 잘 살게 하여 주소서." 늘 마음속 기도 제목이란다.

그런 날이 오면 금아 네가 가장 기뻐할 거라 믿는다. 항상 마음에 우러나서 J에게 도움이 될 일들을 스스로 찾아서 해주곤 하던 너였으니까 말이다. 우리가 멜본 살 때 J가 기타 들고 예배 갈 때나, 두 팔 들고 열심히 기도할 때, J가 교회 피아노 칠 때 누구보다 흐뭇해서 좋아하던 너였으니까.

토라진 S와 언제 다시 만날 수 있을까. 또 몇 년 지나면 S도, 얼마 전의 속상했던 감정은 비가 갠 뒤 내미는 해처럼 다시 밝아지리라 믿고 싶어. 이다음 우리 셋이 다시 만날 때는 둥글고 둥근 이야기만 할게.

멜본은 코비드 19 범유행에서 해방되어 록다운이 진즉 풀렸는데, 시드니는 지난주부터 숨이 막히는 집콕의 록다운이 시작되었어. 길에는 몇 안 되는 차들이 쌩쌩 바삐 지나고, 행인들은 보이지 않는 텅 빈 도시 시드니가 상상이 되니?

쇼핑센터들과 상가들이 요즈음은 심통 난 시어머니 눈꺼풀처럼 셔터가 무겁게 내려져 있어. 사람과 사람 사이의 정을, 인연을 끊어 놓는 게 취미인 코비드바이러스 녀석이 하루빨리 물러가고 햇살이 눈 부신, 벽 전체가 통유리로 되어있어서 언제 가도 시원한 바다 전경을 한눈에 내다볼 수 있는 로열 브라이턴 레스토랑에서 우리 셋이 이른 저녁을 나눌 수 있는 날이 하루빨리 오면 좋겠다.

며느리 상

"제발 장가나 가면 좋겠구먼. 갈 생각을 안 한다고라."

오늘도 친구는 커피를 한 모금 마신 후 찻잔을 내려놓으며 늘어진 전라도 사투리로 아들 푸념이었다. 다른 사람들처럼 자식들로부터 자유로워져서 친구들과 해가 기울도록 수다 떨며 놀고 싶은데 그러질 못하고 아들 밥해줘야 한다며 서둘러 자리를 제일 먼저 털고 일어서고는 한다.

사십 줄에 들어선 친구 아들은 외모는 영화배우 뺨치게 잘생겼다. 머릿속이 다른 동네에서만 부산하게 바쁘고 장가가는 일은 영 담쌓고 사는 게 신기하다. 그동안 몇 여자 소개를 받았다는데, 어찌 된 영문인지 선본 여자마다 좋다고 하며 따라붙어도, 그 집 아들은 여자가 귀찮다고 하며 전화도 안 받는다고 한다. 한 번은 그 친구가 아들에게, "처녀 장가가기는 힘들겠고, 딴 사람 맹키로 베트남에서 여자 데려오랴?" 했더니,

"알아서 하세요."라며 남의 일처럼 말하더란다.

바닷물에 누워있는 바위처럼 움쩍도 하지 않고 사는 친구 아들이다. 얼굴을 쳐다보며 말해봐도 암말 하지 않고 방문을 닫고는 텔레비전 소리를 크게 틀더란다.

그 친구는 길을 가다가 어린아이가 지나가면 뒤돌아보고 '하이!' 하며 손짓하고는 발길을 옮긴다. 입버릇처럼 하는 말은 아들 녀석이 저런 아이 하나만 낳아 품에 안겨주면 원이 없겠는데 한다. 한번은,

"어떤 며느리 오기를 원하니?" 했더니

"예쁘고 영리하면 오래 같이 안 살 것 같아 염려스럽고, 똑똑하면 왠지 늘 당하는 느낌에 아들이 풀이 죽을까 싫고, 남의 옷 입은 듯 부담스럽고, 능력 있으면 집안 살림 안 하고 회사 일이네 모임이네, 밖으로 돌게 뻔하고, 부잣집 딸이면 업신여길까 봐 눈치 보이고, 그렇다고 못생기고 멍청한 며느리 데려오면 만사 뒤따라가며 가르쳐야 할 터니 피곤하고, 능력 없어 아르바이트도 못하면, 쥐어박고 싶게 답답할 거고, 가난한 집 딸 데려오면 꽁치로나

살필 테고."

친구 넋두리에 웃음이 났다. 그러면서도 친구는 갔다가 오더라도 아들이 결혼해서 사는 것을 꼭 보고 싶다고 한다.

내게도 사십을 바라보는 미혼 아들이 있다. 아들 나이가 많아지니 포도송이처럼 주렁주렁 열려있던 며느리에 대한 기대는 대소쿠리에 물 빠지듯 어느새 빠져 없어지고 염려만 소복이 새벽 안개 속에 흰 눈처럼 쌓여있다. 이해심 많고 믿음 있는 며느리를 맞을 수 있다면, 예쁜 손자 녀석 안아볼 수 있다면 좋겠는데 했는데, 이도 시들해졌다. 자기주장이 확실하고, 이혼율이 많은 신세대 며느리 요구조건에 맞추는 게 은근히 자신이 없어서이다. 걸핏하면 민들레 홀씨처럼 날아가 가버린다고 하는데 지레 겁부터 날 때도 있다. 딸이 이혼했다가 재혼한 다른 친구 말로는 그냥 혼자서라도 능력 있고 잘 살 수 있으면 구태여 결혼하지 않고 살게 두는 것도 괜찮다고 한다.

운전 중 문득 내비게이터(Navigator) 같은 며느리라면 참 좋겠다. 잠시 생각해봤다. 내비게이터는 주소를 입력하면 암말 하지 않고 갈 길을 비춰주고, 잘못해서 틀린 주소를 입력해도 하얀 얼굴만 내밀고 기다린다. 정확한 주소를 입력하기 전에는 절대로 움직이지도 않고 투정 부리거나, 잔소리도 하지 않는다. 제시해준 딴 길로 들어서면 잽싸게 바른길을 또 제시해주고 길이 아닐 때는 돌아가라고 동그랗게 그림을 그려 주기도 한다. 가끔은 "Turn back, Turn back!" 하며 숨넘어가게 외치고 나서, 도착하면, "You arrived your destination" 하며 명쾌한 목소리로 기분을 맑게 해준다.

결혼은 어떤 끌림이 작용하지 않고는 어려운 일인 듯하다. 서로에게 맞는 짝을 구하는 것도 중요하지만, 서로 화음을 맞추며 사는 게 더 중요한 것 같다. 마치 키가 같지 않아도, 색이 같지 않아도, 검정과 하얀 건반이 나란히 누워 아름다운 음악 소리를 내는 피아노처럼, 모양도 다르고 키와 색이 달라도 함께 하모니를 이루며 사는 게 말이다.

내가 걸어온 발자국들을 뒤돌아보면 잘 선택한 것도 아니라 여겨지고 하모니를 이루며 잘 살아왔노라 할 수도 없는 것 같다. 한 라운드밖에 돌 수 없는 인생이라는 골프장에서 다시 한번 인생 원 위치할 기회가 주어진다면 이번에는 지난번과 다른 멋진 스윙으로 홀인원을 할 수도 있을 것 같다. 사람은 된 존재가 아니라 되어가는 존재라고 한다. 결혼식장에 너와 나로 들어왔지만, 식이 끝나고 나갈 때는 하나가 되어 나가듯이 말이다.

문득, 어떤 아가씨가 며느리로 오려나? 궁금해진다. 늦은 밤 허물없이 다가가 라면을 주문해도 투덜대지 않고, 수수하나 멋을 알고, 아들이 잘못하거나 약간의 신경질을 부려도 다독여 주면 좋겠고, 서로 어깨를 빌려주며, 은근한 미소로 함께 마지막 정거장까지 가 줄 수 있는 그런 며느리가 우리 집에 온다면 참 좋겠다.

이웃 사랑

송구영신 예배에 참석하지 않고 하버 브리지 폭죽 축제 보러 갈까 하는 마음이 드는 것은 매년 느끼는 유혹이다. 지난해에는 새해가 시작되는 순간을 카운트다운 후 1월 1일 새벽 0시에 터지는 불꽃놀이를 흥분된 기분으로 구경했었다. 하버 브리지 아래 해변로를 끼고 펼쳐진 광장에는 발 디딜 틈없이 수많은 인파로 북적였다. 사람 홍수 속에 휩쓸려 하마터면 길바닥에 넘어져 깔릴뻔하기도 했다.

올해 새벽, 예배 후 교회에서 나와 혹시 아직도 불꽃놀이가 계속되고 있나 싶어 하버 브리지를 향해 안작 다리(Anzac bridge)를 건넜다. 안작 다리 위에서 하버 브리지 쪽을 내려다보니 어둠 속에 잠긴 하버 브리지는 형체만 희미하게 보일 뿐 축제 인파도 없고 폭죽 터뜨리는 사람도 볼 수 없었다.

매년 이맘때이면 하늘로 쏘아 올린 폭죽들로 하늘이 휘황찬란하게 장관을 이루는데 오늘 새벽은 아니었다. 조용했다. 하늘에는 별만 총총 빛나고 사방이 고요했다.

집에 돌아와 텔레비전을 켰더니 올해는 불꽃놀이 축제가 취소되었다고 했다. 빅토리아주와 시드니가 있는 뉴사우스웨일스주에 142군데 산불이 발생하여 소방대원들과 군인들까지 동원해서 진화 중이고 테즈메이니아 해변에는 산불로 주민들이 대피 중이라 했다. 동네 집들과 캥거루, 코알라들이 타버린 모습들 앞에서 앵커는 목소리를 높이고 있었다.

호주는 지금 몇 달째 산불로 몸살을 앓고 있다. 며칠 전에는 시드니에서 25km 떨어진 캔버라에도 산불이 나서 우리가 사는 시드니 하늘이 그쪽에서 몰려오는 매연으로 인해 온통 잿빛이었다. 자동차 트렁크 위는 화재로 인한 불탄 재가 회색으로 뒤덮였었다. 창문을 열 수 없을 정도로 공기가 안 좋았다. 한편에서는 산불 진화작업으로 고생하고 있는데 폭죽 터뜨리고 새해 축제 분위기를 낼 수 없다는 동참의식에서 새해 불꽃놀이가 모두 취소된 것이라고 했다. 불행을 겪고 있는 이웃들 생각에 축제 분위기는 있을 수 없다는 호주인 들의 마음과 정신이 존경스러웠다.

4개월째 비가 내리지 않고 있다. 우리가 뉴질랜드에서 호주에 이민 왔던 2008년에도 그랬다. 보도블록 옆 길가 잔디밭은 물론이고 넓은 공원 잔디밭도 갈색으로 잔디가 타서 마치 미국의 어느 황야 벌판을 연상케 하였다.

이번 주부터는 절수 정책으로 정원에 호스로 물을 뿌리는 게 금지되고, 자동차를 호스 물로 세차도 안 되며 물걸레로만 닦도록 규정지었다. 이 규정을 어기는 사람을 본 사람은 누구나 시청 민원실로 신고를 하면 벌금을 내야 한다.

올봄에 파라마타 집 정원에 키가 작은 잉그리쉬 박스들과 체리, 뽕나무, 아몬드나무와 감나무 3그루를 심었다. 비가 몇 달째 오지 않으니 밤낮 신경이 쓰였다. 매주 일요일 오후에 한 번씩 가서 물을 주었다. 호스로 정원 나무들에 물을 주면 벌금이라는 규정을 알면서도 바짝 마른땅에 심어져 비실비실 말라져 가는 감나무를 그대로 보고 있을 수 만은 없어서였다. 기온이 43도가 넘는 날은 빨리 일요일이 되어 어서 가서 물을 흠뻑 주어야지 하고 일요일을 기다렸다. 호스로 시원스레 물을 듬뿍 주고 나면 마치 내가 시원한 물을 마시고 시원한 물로 샤워를 한 듯 흐뭇하고 시원해졌다.

지난주 일요일 몰래 호스로 화단에 또 물을 주다가 옆집 호주 아저씨한테 들키고 말았다. 그 아저씨는 내가 못 본 사이 살금살금 우리 집 정원 쪽으로 다가와서는 호스로 물을 주고 있는 내 모습을 찰칵 핸드폰으로 찍으며, 'Its Law' 하는데 아차 싶었다. 그 짧은 한마디가 화살로 박히며 엄청 부끄러웠다.

'I'm sorry I will stop it' 하였는데도 암말 하지 않고 등을 보이며 그 아저씨는 되돌아갔다. 시청에 신고하겠다고 하면서.

'물뿌리개로 물을 줄 걸.' 하는 후회는 며칠이 지나도 창피하고 후회스러웠다. 청구서가 날아오면 벌금 $220은 산불 진화작업 중인 소방대원들에게 시원한 음료수 산 거라 여기면 되겠는데, 이웃 사람들 보기에 민망하고 '이민자는 어쩔 수 없어.' 할 거라는 생각이 더 부끄러웠다. 나와 상관없는 남의 일로만 여기지 않고 어려울 때 서슴지 않고 하나가 되어 도와주는 호주 사람들의 이웃돕기 정신은 참으로 놀랍다. 그런 협동 정신이 호주의 부와 평화의 원천이 되었을 것으로 생각한다.

폭죽을 터뜨리며 새해맞이 축제를 하고 싶어도 참는 그 인내와 절수 정책을 너나없이 따르는 이웃 사랑 정신은 한국전쟁 때(1950~1953) 호주 군인들 17,000명을 참전시킬 수 있었고, 1,216명 부상, 340명 사망의 아픔을 가슴에 안고서도 묵묵히 살아온 호주인들, 넓은 시드니 하늘을 보며 이것이 진정한 이웃 사랑인 거야 해졌다.

노후 연금이 통장에 꼬박꼬박 입금되고 있다. 아무것도 호주를 위해 한 일이 없는데 매월 입금해주는 호주 정부에 고맙기도 하고 송구스럽기도 하다. 이 나라를 위해서, 호주를 위해서 내가 한 일이 아무것도 없고, 앞으로도 크게 달라질 게 없을 것 같은데 계속 받는 연금은 보너스로 받는 복권이라 여기며 늘 감사하게 생각한다.

호주를 위해 무엇을 할 수 있을까? 크리스마스 며칠 전 우편함에 어린이 암 환자센터에서 회신 봉투와 같이 편지가 왔다. 보통 때는 봉투 안을 자세히 읽어보지도 않고 쓰레기통에 버린 때가 많다. 그런데 올해는 좀 달랐다. 딸아이에게서 받은 크리스마스 용돈이 생각났다. 적은 금

액이지만 수표를 넣어 보내는 마음은 지금껏 내가 호주로부터 받은 것에 대한 감사요, 나만을 생각하고 호스로 정원에 물을 준 이민자의 수치를 조금이나마 덜고 싶은 마음도 같이 넣어 보냈다.

강냉이 뻥튀기

이스트우드 식품점에서 긴 플라스틱 백에 빵빵하게 넣어진 강냉이 뻥튀기를 또 사 왔다. 부피와 비교하면 가격도 저렴하여 거저 가져오는 느낌이었다. 코로나 범유행으로 집콕의 지루함을 달래기에는 강냉이 뻥튀기와 드롭롱 블랙커피보다 더 좋은 것이 없는 것 같다. 강냉이 한 알 입에 물고 커피 한 모금, 또 하나 입에 물고 커피 한 모금 마시면 마음이 구수해진다.

어렸을 적 시골에서 즐겨 먹던 강냉이 뻥튀기를 60년이 지나 호주에서도 먹게 될 줄은 몰랐다. 내 어릴 적 없어서는 아니 될 간식 중의 하나였다. 그때가 생각나서 나는 지금도 옥수수 뻥튀기라고 하지 않고 고향에서 부르던 대로 강냉이 뻥튀기라고 한다.

고소한 강냉이 뻥튀기 냄새가 유년 시절의 추억을 불러온다.

내가 나니던 초등학교 앞 공터에는 장날이면 남루한 옷차림에 털모자를 눌러쓴, 코가 뭉텅하게 생긴 코주부 아저씨가 멍석을 넓게 펴 두고 무쇠로 만든 둥그런 통 아래에 나뭇가지들을 계속 지피며 불통을 돌리고 있었다.

불통 옆에는 크고 작은 양푼들, 박바가지 안에 콩, 보리, 쌀, 누룽지 등이 담겨 순서를 기다렸다. 불통에 붙어 있는 온도계 온도가 웬만큼 올라가면 아저씨는 불통을 멍석이 깔린 곳을 향하여 돌리고는 불통 앞에 달린 압력 핀을 눈을 찡그리고는 탁 돌린다. 그러면, 통속에서 구워진 곡류가 '뻥!' 하는 대포 소리와 함께 멍석 쪽으로 연결된 철사망으로 튀겨진 강냉이가 쏟아졌다.

'뻥' 하는 소리와 함께 연기가 피어나고, 구수한 냄새는 삽시간에 온 동네에 퍼져나갔다. 양쪽 귀를 막고 둥그렇게 모여 쳐다보고 있던 아이들이 '뻥' 하는 소리가 나면 그물망과 불통 사이로 빠져 나온 뻥튀기를 주워 먹으려 달려들었다.

운이 좋은 날은 뻥튀기 아저씨가 둘러서 있는 아이들을 줄을 세워 찌그러진 노란 양재기로 한 그릇씩 퍼 주기도 했다. 나도 치마폭에 받아 맛있게 먹으며 친구들과 참새처럼 재잘거리며 집으로 가던 기억이 새롭다. 어쩜 그리도 맛있던지…. 말린 누룽지에 사카린을 조금 넣어 뻥튀기한 누룽지 뻥튀기가 제일 맛있었다. 아마도 도시에서 자란 아이들은 그 구수한 맛을 모르고 자랐지 싶다.

흐릿한 겨울 날씨 탓인지 오늘따라 맛이 더욱 구수하다. 강냉이 뻥튀기가 지금도 사랑받는 것은 건강에 좋다거나 고급스러워서가 아니라 특유의 구수함 때문일 것이다.

사람도 멋있는 사람보다 편하고 부담 없고 가끔 구수한 위트를 지닌 사람을 나는 좋아한다. 사투리를 한마디씩 툭툭 섞어 쓰며 웃음을 자아내게 하는 사람이 있다. 그런 사람은 쳐다만 봐도 입가에 웃음이 번지고 가슴속이 훈훈해진다.

결혼 전, 친구들과 놀면서 "너는, 어느 남자 영화배우가 좋으니?" 할 때면 다른 친구들은 신성일, 최무룡, 박노식 등을 말하는데 "나는 백일섭이 좋아." 했었다. 그럴 때면, "아니 지이……." 싫다고 하며 친구들은 배를 잡고 웃었다.

영화배우 백일섭, 구수하고 약간 막걸리에 취한 듯도 싶은 그 배우를 친구들은 절대 아니라고 하는데 나는 그런 남자 배우 스타일을 좋아했다. 눈가에 웃음을 걸치고 심각한 데라고는 하나 없이 매사 둥글둥글하게 살아가는 듯한 백일섭의 이미지가 좋아서였다. 세련미라고는 전혀 없어도 편하게 느껴지고 시골스러운 전라도 사투리를 섞어서 쓰는 그런 남자 배우 같은 스타일이 미혼 때 내 미래 배우자 로망이었다. 잘 생기지 않았어도 그런 사람 곁에서는 여유로움이 느껴져서였다.

지금도 나는 겨울밤의 온돌방처럼 온기가 느껴지고 사람 냄새를 풍기는 사람을 유난히 좋아한다. 내가 말실수를 해도 꼬투리 잡지 않고 어울리지 않는 행동을 해도 소리 없이 싱긋 웃으며 넘어가 주는 그런 사람 말이다. 멋부리는 말보다, 유식한 말보다 수더분하고 걸쭉한 유머가 섞인 말을 쓰는 사람이 지금도 좋다.

친구 중에는 나보다 어려도 마음 밭길 지경이 넓은 친구가 있는가 하면, 나이가 들었는데도 찌그러진 양푼처럼 마음이 옹졸한 친구도 있다. 그런데도 우리는 모이면 피아노 검은건반과 흰건반이 나란히 누워 아름다운 곡을 연주하듯 함께 어울려 깔깔대며 구수한 농담을 나누면서 어우러져 논다.

드립 롱 블랙 한 잔을 마주하고 강냉이 뻥튀기 한 알씩 입에 녹이며 습작 글을 쓰는 책상 언저리에 언제 들어도 싫증 나지 않는 유안진의 〈지란지교를 꿈꾸며〉 낭송이 들리는 듯하다

부부란……

S. Shin 이 세상을 떠나던 날, 그의 부인 Eom 씨는 "어디 갔어?", "어디 갔냐고?" 하며 눈물을 흘리며 남편 침대를 애타게 더듬던 텔레비전 화면 속 그녀의 울음이 감동적이었다.

세기의 명배우 커플로 S. Shin은 자타가 공인하는 바람둥이였다. 수많은 염문을 남기며 83세까지 살다가 간 그는 매스컴에서, 그리고 잡지들에 실린 기사들을 통한 풍문에 의하면 애틋한 부부애는 그리 많지 않을 것 같은데도, 사실은 그렇지 않았는지 자식들 기르고, 소문 따위는 아무렇지도 않은 듯 80살이 넘도록 이혼하지 않고 부부생활을 유지해 왔다. 둘만의 부부애가 남들이 알지 못하는 속 사랑이 두 사람 사이에는 있었던 것일까. 이혼할 듯

말 듯 가정이 깨어질 듯한 소문이 떠돌아도 Eom 씨는 헤어지지 않고 고목처럼 견디며 지내오는 그녀가 존경스럽기까지 했다. 남들이 뭐라 하던 어떤 추문이 돌든 상관하지 않고 추운 겨울철이면 한약을 달여 남편 사는 시골로 찾아가는 Eom 씨의 남편 사랑이 놀라웠다.

툭하면 이혼하고 아이들은 공처럼 이곳저곳으로 토스되는 현시대에 마흔이 넘은 미혼 아들을 둔 나는 과연 결혼을 재촉해야 하는지 아닌지 망설여질 때가 있다. 1960~70년대 우리가 가졌던 결혼관은 쌀에 뉘처럼 보기 힘들어지고, 여왕처럼 대우받기를 원하는, 자기 권리 주장만 늘어가고, 이혼 때는 이런저런 이유를 들어 재산을 몰수해가는 신세대 며느리들을 보며, 두려움마저 일 때가 있었다.

할머니 세대, 우리 세대처럼 희생적인 삶의 며느리는 기대하지 않으나, 둘이서 마지막 정거장까지 오순도순 가 줄 수 있는 사람이라면 그만일 것 같다.

예쁜 손자를 안아보고 싶은 마음은 오늘도 길을 가다 멈추고 유모차에 실려 가는 두 살쯤 되어 보이는 아이를 뒤돌아본다. '나도 저런 손주 한번 안아볼 수 있음 좋을 터인데.' 하는 마음은 웅덩이에 고인 빗물처럼 가득한데,

주변의 친구들이 둘씩이나 마흔이 넘은 결혼을 안 한 아들은 오늘도 태연하다. 왜 장가를 가야 하는지 와는 담을 쌓고 컴퓨터 게임 제작에만 심혈을 기울이고 있다.

주변에 보면 '나는 저런 사람하고는 절대 못살아.' 하는 커플들이 있다. 그런데도 내가 이해하지 못하는, 남들은 알지 못하는 묘한 정이 그들 사이에만 존재하는 것인지, 남들의 시선은 아랑곳하지 않고 남이야 뭐라 하든 말든 가정을 지키고, 아이들을 기르고, 잘 사는 사람들이 있다.

Shin 씨와 Eom 씨가 그랬던 것처럼 말이다. 한국어에 여보(같을 여, 보배 보), 남편을 당신(집 당, 몸 신)이라 부른다. 즉 아내는 보배와 같고 남편은 내 몸과 같다는 의미다. 마누라는(마주 보고 누워라)와 여편네는(옆에 있네)의 준말이라고 한다.

결국, 부부는 서로에게 귀한 보배요. 끝까지 동행하는 짝임을 호칭을 통해서 매일 부르게 한 옛사람의 깊은 뜻을 알 수 있다. 이혼이 잦은 현세대가 경청할만 한 글이다.

칠순이 넘도록 부부가 다복하게 잘 살아온 친구들을 보면 뭐니 뭐니 해도 성격이 유순한 친구들이다. 모나지 않고, 쉽게 성내지 않고 물 흐르듯이 살아온 친구들 말이다. 아이들을 돌보고, 남편을 받들어야 하는 여자라는 굴레를 벗어날 수 없는 현실에서 한결같이 가정을 지켜온 그 친구들의 인내를 나는 존경한다.

내 친구 K를 만날 때면 혼자 빙그레 웃는다. 그리고는 그래, 그때 네가 참 잘했어. 나라면 아마 이혼하고 말았을 터인데 네가 참 잘한 거야 한다.

한번은, 그 친구 부부가 한복을 곱게 차려 입고 친지의 결혼식 참석 후 집으로 오는 차 안에서 말다툼이 시작됐었다고 했다. 둘 다 팽팽한 말싸움은 그치지 않았고, 급기야 화가 난 남편은 갓길에 차를 세우고는 내리라고 고함을 쳐서 친구는 엉거주춤 차에서 내릴 수밖에 없었다고 했다.

버스도 자주 다니지 않고 택시도 잡을 수 없는, 양재역이 멀리 뵈는 한길에 내려진 친구는 전철역을 향해 언 땅에 고무신을 신고 발이 시려 감각이 없어도, 걸을 수밖에 없었다고 했다. 매서운 바람이 부는 1월의 추운 날씨에 패딩도 아니고 보온효과가 전혀 없는 한복차림으로 말이다. 눈이 녹아 미끄러운 눈길을 걸어서 양재역에 도착했을 때는 손과 발, 온몸이 얼어 꼼짝할 수가 없었다고 한다. 전철 안 손님들은 못 볼 것을 본 듯 시선이 따가워 창피 하기가 이루 말할 수 없었다.

그일 이외에도 그 친구 남편은 같은 사무실 여직원과

불륜 관계로 친구 가슴속을 이만저만 썩힌 게 아니었다. 우리 생각은 저렇게 사느니 차라리 이혼하지 그럴까 했었는데 그 친구는 달랐다. 평소 유순한 성격의 그 친구는 바람이 불어도, 폭풍이 몰아쳐도 속으로 삭이며 가정을 깨지 않고 지켰다.

지금은 큰아들이 병원장으로 근무하는 덕분에 유복하게 잘 지내고 있다. 그때 자칫 잘못 생각으로 이혼 했더라면 아마도 지금의 행복은 주어지지 못했을 것이다. 칠순이 넘은 요즈음, 할아버지는 할머니 눈치를 살피고, 식사때가 가까우면 할머니가 언제 밥을 주려나 하고 부엌 쪽을 기웃거린다고 한다.

쑥버무리

저녁을 먹고 나서 호박죽 한 그릇을 들고 길 건너에 사는 친구 집에 마실을 갔다. 고층 아파트에 사는 나와는 달리 친구는 텃밭이 넓은 주택에서 산다. 텃밭에는 온갖 꽃들과 채소들이 가득 심겨 있어서 채소, 꽃들을 둘러본 후 집 안으로 들게 된다.

"참, 우리 텃밭에 쑥이 많이 자랐는데 좀 줄까?"

어느새 집에서 나와 마당 가에 서서 텃밭을 보고 있는 내게로 온 친구는 밖이 어두워 휴대전화 라이트를 켜고 텃밭에 수북이 자란 쑥을 한 움큼 뜯어 비닐봉지에 넣어 주었다. 야들야들하게 자란 쑥이 고향 친구를 만난 듯 반갑고 오랜만에 맡는 쑥 냄새가 콧속을 간질이며 상쾌했다.

나는 유년기를 시골에서 보냈다. 매년 봄 향긋한 봄나

물 달래, 냉이와 더불어 쑥은 빼놓을 수 없는 추억의 봄 친구이다. 초등학교 때 학교에서 집에 오면 친구들과 어울려 보리밭 둑에 쭈그리고 앉아 이른 봄 땅을 헤집고 올라온 쑥을 캐러 다녔다. 작은 주머니칼로 쑥 밑동을 싹둑 도려내 쑥을 캐어 치마폭에 모아서는 바구니에 담아왔다.

부엌문 열어놓고 새소리 들으며 벚꽃이 꽃비가 되어 날리는 마당 가에서 쑥 속에 섞여 있는 잡티를 골라냈다. 엄마는 언니와 내가 캐어온 쑥을 찹쌀가루를 섞어 프라이팬에 참기름을 둘러 가며 쑥전을 지져 주기도 하셨고, 날콩가루 옷을 입혀 멸치와 다시마 육수를 낸 국물에 쑥 된장국을 끓여 주기도 하셨다. 내가 즐겨 먹던 쑥국은 된장을 풀어 바지락을 넣은 쑥국과 도다리를 넣고 끓인 도다리쑥국이다.

쑥은 봄철 건강 채소로 식욕을 돋우는 효능이 있고 혈액순환이 좋아져 몸이 차가운 사람은 몸을 따뜻하게 해주는 성분이 있다 한다. 쑥으로 만든 여러 가지 음식이 있지만, 콩고물 옷 입은 쑥인절미와 쑥버무리는 먹을 것이 흔한 지금도 즐겨 먹는다.

옛날에는 음식을 찌는 스팀 도구가 없던 시절이어서 어머니는 밥이 끓으면 커다란 가마솥 뚜껑을 열고는 끓은 밥 위에 굵은 모시 천을 덮고 그 위에 밀가루에 버무린 쑥을 편 후 솥뚜껑을 닫고 뜸을 들이며 익혔다. 쑥 향이 은은하게 밴 쑥인절미를 먹어본 게 참 오래인 듯하다.

쑥버무리와 같이 어릴 적 먹었던 간식이 기억을 헤집고 떠오른다. 초등학교 여름 방학 때면 다섯 형제가 집안에서 소란 피우는 게 시끄럽다고 엄마는 형제들을 하나씩 떼어 친척 집으로 보냈다. 우리가 살던 시골집에서 버스를 타고 한 시간쯤 더 깊은 시골로 들어가면 우리 논들을 맡아 경작해주는 소작인 집이 있었다. 나는 내 또래 여자아이 봉자가 있는 그 집으로 놀러 가는 것을 친척 집에 가는 것보다 더 좋아했다.

어른들은 논과 밭으로 일 나가고 봉자와 나는 옷소매에 코를 닦아 소매 끝이 반들거리는 코흘리개 아이들과 어울려 동네를 휩쓸고 다니며 놀았다. 밭고랑에 주렁주렁 열린 야들야들한 흰 박에 손톱자국을 내며 낄낄대고 놀다가 어른들에게 혼나기도 하고, 밀을 비벼 껌을 만들어 씹기도 하고, 사내아이들과도 어울려 냇가에서 멱감고 첨벙대며 놀기도 했다. 점심때쯤 배가 고파지면 봉자는 처마 밑에 매달아 놓은 손잡이가 긴 소쿠리를 내려 뚜껑을 열고는 풋콩이 박힌 밀 개떡과 밥알이 듬성듬성 붙어 있는 찐 고구마를 내놓았다. 그것이 우리들의 점심이었다.

연한 갈색 밀개떡은 집에서 맷돌에 밀을 갈아 체에 쳐서 만든 밀가루여서 인지 씹으면 입안이 껄끄러웠으나 맛은 고소했다. 밀가루 반죽을 동그랗고 납작한 모양으로 만들어 풋콩을 하나씩 얹어 밥이 끓으면 솥뚜껑을 열고 끓는 밥 위에 호박잎을 펴 깔고는 그 위에 둥근 밀개떡 반죽을 하나씩 놓은 후 솥뚜껑을 닫고 뜸을 들여 익힌 것이다.

어렸을 적 여름철 장마는 후덥지근하고 무척 길게 느껴졌다. 기와지붕에 잇대어 만들어진 양철 처마에 후드득 소리를 내며 작달비가 온종일 쏟아졌다. 빗물이 쏟아져 내리는 처마밑 마당에는 동그랗게 줄지어 빗물 홈들이 파였다.

비는 끝도 없이 주룩주룩 내렸다. 마루 끝에 오도카니 앉아 쏟아지는 낙숫물 소리를 듣고 있노라면 무상의 경지에 이르고 빗소리는 음악이 되어 마당 가득 고였다. 천둥소리가 아주 멀리서 울려온 뒤면 소나기가 쏟아지고 그리고는 앞산에 무지개가 떴다.

비 오는 날이면 머슴들도 밥하는 언니도 온종일 집안에서 뒹굴며 빗소리 자장가에 취해 늘어지게 낮잠을 잤다. 부엌일을 도맡아 하던 영애 언니는 파란 비닐우산을 펴 들고 돌담을 타고 뻗어 간 호박 넝쿨 속에서 여린 애호박을 따서는 가늘게 채 썰어 애호박전을 부쳐주었다. 볶은 콩 한 공기와 참기름이 자르르 도는 연둣빛 애호박전은 장마철 지루함을 잊게 하는 최상의 간식이었다.

시드니에서 쑥을 만난 게 뜻밖이다. 이 귀한 쑥으로 무엇을 만들까. 싱싱한 도다리를 사 와서 도다리쑥국을 끓여볼까 아니면 바지락을 넣고 쑥된장국을 끓여볼까.

쑥버무리를 만들기로 했다. 잡티를 골라낸 후 흐르는 물에 쑥을 씻어 멥쌀 가루에 쑥을 버무려 만두를 찔 때 사용하는 둥근 찜 냄비에 펼쳐 넣고 쑥버무리를 만들었다. 그윽한 쑥 향이 집안 가득 퍼져 마음은 어렸을 적 살았던 시골 동네에 가 있었다.

나눔

오후 세 시가 넘으면 우리 집 발코니에는 새들이 모여든다. 비둘기를 닮은 것 같기도 하고 흰털의 암탉을 닮은 것 같기도 한 커다란 코카투(Cockatoos) 새들이 셋, 넷 발코니로 날아든다. 발코니 난간에 식빵 남은 것을 놓아주기도 하고 초코파이를 주기도 한다. 어떤 때는 생라면을 놔주기도 하는데 라면 덩어리가 큰 것은 코카투 녀석이 왼발을 손처럼 놀려 덥석 들고 부셔가며 먹는 모습이 재미있다. 바닥에 부서진 라면 조각들이 널린다. 코카투 녀석은 큰 덩어리 라면만 먹고 날아가고 부스러기는 입을 대지 않는다.

조금 지나면 나뭇가지에 앉아 지켜보고 있던 검정 깃털을 가진 호주 까치가 내려와 코카투가 먹고 떠난 자리에서 흩어진 부스러기를 먹는다. 녀석들이 먹고 난 후 나무 위로 올라가면 이를 지켜보고 있던 더 작은 몸집의 주둥이가 빨갛고 머리는 파랗고 몸은 초록색의 이름을 알 수 없는 작고 예쁜 새가 라면 부스러기를 먹으려 짹짹거리며 발코니로 날아들어 쪼아 먹는다. 새들이 부리로 먹을 수 없는 라면 가루는 밤새 생쥐가 먹는지 아침이면 발코니 바닥은 말끔하게 청소가 되어있다. 코카투가 몽땅 다 먹을 수도 있었을 터인데 다른 새들을 위해 남겨주는 것은 아닌가 여겨진다.

지난 2020년 5월 25일 경찰의 과잉진압으로 미국에서 사망한 조오지 플로이드의 죽음으로 인종차별에 대해 지구촌이 흔들렸다. 시위 중이던 플로이드는 술에 취해 차 안에 있었는데 시위 진압 경찰에 의해 차 밖으로 내려졌고, 수갑이 채워진 상태로 반항을 할 수 없는데도 길바닥에 엎드려진 채 8분 46초 무릎으로 목을 누르는 백인 경찰에 의해 질식사했다고 했다.

왜 이렇게까지 해야 했는지 도무지 이해가 안 됐다. 잡힌 벌레를 목을 누르기 조차 해야만 했을까? '숨을 쉴 수가 없어요.' 하는데도 멈추지 않고 계속 눌러 결국 죽게 한 것이다. 아마 플로이드가 백인이었다면 그렇게 했을까. 아니었을 것이다.

흑인 플로이드의 죽음으로 인해 미국은 플로리다주와 미네소타주 등과 여러 곳에서 폭동이 일어나고 제2의 LA 폭동으로 여길 만큼 강경한 시위가 미국 전역에 일어나고 있었다. '흑인 목숨은 소중하다(Black lives matter)' 플래카드를 들고 영국, 일본, 이태리 등에서도 시위를 했다. 플로이드 장례식 때 미국 전역이 8분 46초 동안 묵념이 올려졌고, 워싱턴 시장의 공식 발표로 백악관 앞 16번가 구역이 '흑인 목숨은 소중하다.' 광장(Black Lives matter Plaza)으로 거리 이름이 바뀌었다. 오바마 전 미국 대통령을 비롯해 그곳에 모인 수천 명 시민이 함께 Amazing Grace(나 같은 죄인 살리신) 찬송을 부르며 눈물을 훔치는 장면이 티브이로 비칠 때 나도 가슴이 먹먹해졌다.

1월 26일은 Australian day이지만, 원주민 쪽에서 볼 때는 슬픈 날이다.

영국 군인들이 죄수 유배지 목적으로 시드니 만에 도착한 '백인들의 침략' 기념일을 호주 건국의 날로 경축하는 것에 원주민들은 강력히 반대하고 있다. 매년 원주민들은 이날을 침략 일(Invasion Day)로 규정하고 항의 행진을 한다.

호주의 주류사회(앵글로계 및 유럽계 백인 위주)는 원주민들의 원한과 정서를 고려하지 않았다. 1920년 원주민 보호 정책이라는 명목으로 원주민 마을(거주 촌)을 따로 만들어 격리했다. 1937년부터 원주민을 백인 사회에 동화시킬 계획으로 원주민 자녀들을 부모의 동의 없이 경찰이 강제로 빼앗아 백인 가정이나 종교단체에서 자라도록 했다.

1970년까지 자행된 이런 강제 이산 및 백인 사회 동화 정책은 '빼앗긴 시대(Stolen Generation)'로 부른다. 피해 자녀들은 '빼앗긴 자녀들(Stolen Children)'로 불렸다. 단어 의미대로 원주민 부모로서는 '자녀와 부모를 도둑맞은 세대'였다. 거의 10만 명의 원주민 자녀들이 강제로 백인 가정으로 보내졌다. 이들은 강제 노동(집안일, 농장일 등)에 시달렸고, 상당수가 성폭력의 희생자가 됐다.

새들은 안다.

사랑도 먹이도 독식하는 게 아니라 더 약한 새들에게 나눠줘야 한다는 것을. 생각할 수 있는 머리와 가슴을 가진 사람들에게 그치지 않고 있는 인종차별과 호주 원주민들의 아픈 역사를 보며 새들은 무어라 말하고 있을까.

Part IV

낮은 목소리 향기

센트 레너드(St. Leonard) 회사 사무실 분수대 옆길을 따라 내려오면 글로리아 진 카페가 있고 카페 바로 옆에 꽃집이 있다. 점심 식사 후, 이 꽃 가게 앞을 지날 때면 수채화 물감을 풀어놓은 듯 봄을 알리는 튤립, 수선화, 라벤더, 장미꽃들이 저마다 화사한 자태를 뽐내며 지나는 사람들의 눈길을 손짓한다.

많은 꽃 중 내 눈이 오래 머무는 꽃은 소담스러운 백합꽃이다. 하얀 목을 길게 빼고, 순백의 길쭉한 다섯 잎을 모아 보송보송한 진노랑 꽃술을 깊숙이 안은 채 우아한 모습으로 큰 유리 항아리에 꽂혀 있는 모습을 보고 있노라면 샌디 베니(Sandy Bennie)가 생각난다.

샌디는 내가 근무하는 회사 사장님 부인이다. 올해로

팔순을 갓 넘긴, 손자가 둘인 할머니이다. 회사의 상징인 검정 티셔츠와 검정 스커트를 사시사철 한결같이 입고 일한다. 약간 웨이브 진 블론드 커트 머리에, 골동품 상점에서 산 것 같기도 한 네모진 구릿빛 귀걸이를 항상 귀에 걸고 회전의자에 앉아 바람처럼 조용히 일한다.

버우드, 브리스베인, 센트 레너드 세 곳 사무실 총무와 경리 일을 혼자서 맡아 어려움 없이 잘 해낸다. 목요일 하루 손자를 봐주는 날 휴무 이외에는 자리를 비우는 날도 거의 없다. 많은 업무를 빈틈없이 처리하는 능력도 놀랍지만, 그보다 매번 놀라는 것은 샌디에게서 느껴지는 낮은 목소리 향기다.

전화 목소리가 높아지기도 하고 어떤 땐 화를 내기까지 하는 나와는 달리 샌디는 전혀 그렇지가 않다. 사람들과 말을 할 때는 소곤소곤 낮은음으로 말을 하는 귀족 인품의 향기가 풍어져 나온다. 샌디와 대화를 하노라면 내 목소리도 어느새 낮아지고 만다. 말의 시작을 서둘러 하지 않고 침을 한번 삼킨 후 하는 듯, 한 박자 늦게 시작하면서 조용하고 부드럽게 말을 한다. 22년째 같은 사무실에서 함께 근무하고 있다는 브레드(Brad)의 말로는 사장님 콜린(Colin)과 샌디(Sandy)는 평생 부부싸움을 모르고 사는 커플이며, 누구와도 싸움 이라고는 한 적 없이 팔순을 넘은 것으로 알고 있다고 했다.

회사 업무 특성이 커미션, 돈과 직접 관계가 있기에 다툼이 있기 쉬운데 이 회사는 그렇지가 않다. 직원 중 수수료 분배가 모호하여 자기주장을 늘어놓는 사람이 있는데, 이럴 때면 가만히 지켜보던 샌디는, '회사가 그 차액을 부담하도록 해 볼게요.' 한다. 그녀의 조용한 한마디가 서로의 말이 옳다고 옥신각신하던 직원들 마음을 다독이고 더는 다투지를 못하고 '미안해요.' 하고 만다.

회사에서는 딴 사람을 비방하면 사실과 관계없이 험담하는 그 사람을 이해심이 부족한 사람으로 치부하고 직원들은 그 사람과 대화하지 않는다. 재미있는 일은 목소리가 큰 중국인 에이전트 마크에게 누구도 '조용히 해.' 하고 불평할 수가 없었다. 샌디는 마크를 혼자만 쓸 수 있는 작은 독방에서 일하게 책상을 마련해 줬다. 여러 나라 사람들로 구성된 직원 34명을 거느리고 샌디가 별 탈 없이 회사를 잘 운영해 가는 비결은 바로 낮은 목소리 향기라고 느낀다.

샌디 부부는 세계 여러 나라 여행을 자주 간다. 6·25 동란 때 한국전쟁 참전용사였던 콜린은 지난해 한국에 다녀와서는 그때에 비해 우리나라가 엄청나게 발전하여 무척 놀랐다고도 하였고, 요즈음은 컴퓨터 동영상을 보며 싸이의 강남스타일을 따라 부르기도 한다.

사람의 마음을 움직이게 하는 것은 높은 목소리보다 낮은 목소리로 말할 때인 것 같다. 아이들에게 '이것 하라, 저것 해라.' 하면 움쩍도 하지 않는데 목소리 톤을 낮추고 천천히 말을 해 보면 자존심도 상하지 않고 부드러워서인지 말을 잘 따라 준다.

낮은 목소리의 숨은 마력이다. 손님들과 상담할 때도 천천히 공손히 설명하면 다시 찾아오지만 그렇지 않을 때는 전화 한 통 없다. 꽃에 향기가 있듯 목소리에도 향기가 있고, 그 사람의 인품이 묻어나는 것 같다.

호박꽃을 닮은 투박한 목소리, 금방이라도 천둥이 칠 듯 입만 벌리면 공격적인 목소리, 따발총을 쏘듯 상대방이 알아듣건 말건 달리는 목소리, 무엇을 말하던 의심에 찬 목소리, 진주 구슬이 구르는 듯 탱글탱글한 목소리, 언제나 비에 젖은 목소리 등등 얼굴을 보지 않아도 상대방의 살아온 삶의 행로가 전선을 타고 들리는 목소리를 통해 그림이 그려지고는 한다.

문득 궁금해진다. 나는 다른 사람에게 어떤 향기를 전하며 사는 걸까? 더러는,

“목소리가 젊고 생기가 있어요.”

하는 이도 있지만, 샌디만큼은 아니어도 고운 향기를 전하는 목소리였으면 좋겠다.

아라비아 속담에,

“가장 좋은 말은 가장 조심스럽게 억제된 말이다.”라는 말이 있다. 상대방 말이 채 끝나기도 전에 성미 급한 나는 가끔 말하는 때가 있다. 그럴 때면 ‘아차!’ 하며, 커다란 파란 눈을 껌벅이며 차분히 기다렸다가 말을 하는 샌디 모습이 떠오르고는 한다. 이럴 때 샌디는 어떻게 말을 했을까 하고.

돼지저금통을 취미로 모으는 나를 기억하며 여러 나라 여행지에서 갖가지 모양의 돼지 저금통을 사 와서 내게 선물해 주는 샌디가 참 고맙다. 칠레에서 사다 준 발이 세 개뿐인 자그마한 갈색 나무 돼지 저금통은 사랑과 돈과 건강을 상징한다고 했다.

한 번쯤 소리를 지를 법도 한데 13년 넘도록 함께 같은 사무실에서 일하면서 큰 소리를 들어본 적이 없다. 평생을 다른 사람과 싸운 적이 없다는 샌디와 콜린의 웃음 띤 얼굴로 자주 하는 말은 'Life is too short to be angry(화를 내며 살기에 인생이 너무 짧아요)'이다.

출근하여 책상을 마주하고 앉으면 소리 없이 일에 열중하고 있는 샌디 모습에서 오늘도 은은한 낮은 목소리 향기가 스멀스멀 건너온다.

복분자 이야기

복돌이는 외손자 예명이다. 올해 일곱 살로 시애틀에 산다. 나는 복돌이를 볼 때면 복분자 생각이 난다. 딸이 결혼하여 5년이 지나도록 임신이 안 되어 은근히 걱정되었다.

"엄마 우리 아이 가지려 타일랜드 여행 가요. 스트레스 안 받고 지내면 아이 생긴데." 임신 촉매 여행을 가기도 하고, 임신에 도움 된다는 음식을 구해 먹기도 하며 딸은 임신을 고대하고 있었다.

2012년 여름, 서울 나들이 때이다.

"형님, 우리 딸 복분자 먹고 임신해서 아들 낳았어요, 복분자 진짜 임신에 효과 있어요." 올케 말에 귀가 솔깃했다. 서울에서 당장 복분자 농장으로 전화했더니 싱싱한 복분자가 곧바로 배달되어왔다. 농장에서 막 따온 복분자 5kg을 어떻게 미국으로 가지고 가야 할지 고민이었다. 싱싱한 과일 상태로는 미국 공항 통관이 어려워 보여서 고심 끝에 한약방에서 한약처럼 진액을 비닐 팩으로 만들어 가지고 가기로 했다. 시드니로 곧바로 가려던 비행기 일정을 시애틀을 거쳐 시드니로 가는 일정으로 변경하였다.

시애틀에서 오랜만에 만난 딸 부부에게 서울에서 복분자 진액을 가지고 왔다고 하였더니 딸은, "엄마는 그렇게 남의 말을 잘 믿어요. 이건 과일일 뿐인데 무슨 효과가 있다고." 하는 것이었다. 복분자 효과를 전혀 믿으려 하지 않았다. 내 딴에는 여행 일정을 바꾸면서까지 딸을 위해 친정엄마 노릇하고 있다고 생각했는데 복분자를 시큰둥하게 여기는 통에 섭섭했다.

"그래도 엄마가 가지고 온 것이니 먹어봐."

설득하여 딸은 잠자기 전 한 팩을 마셨고, 아침에도 엄마 성화에 마지못해 또 한 팩을 마셨다.

다음 날 아침 딸 부부와 함께 2010년 동계올림픽이 열렸던 캐나다 휘슬러 블랙컴(Whisler Blackcomb)으로 여행 갔다. 밴쿠버에서 아름다운 경관을 자랑하는 Sea-to-Sky 고속도로를 타고 북쪽으로 2시간쯤 시원스레 달렸다.

휘슬러는 두 개의 높은 산(2284m) 봉우리가 나란히 있는 산 중턱에 있는 북미 제일의 스키 휴양촌이다. 인구 10,000명 남짓한 소도시로 인공 눈 제조 시설이 매우 잘 되어있다. 높은 산들이 눈으로 덮여 있고 여름철에도 스키를 타는 사람들이 많았다.

높이 솟은 두 산의 정상을 잇는 지지대가 없는 Peak to Peak 곤돌라 안에서 내려다보는 눈이 덮인 스키장 경치는 비경이었다. 리조트의 고급스러움과 자연의 아름다움이 어우러져 동화 속에 온 듯하였고, 바닥 전체가 유리로 되어있는 케이블카 내에서 내려다보이는 눈 덮인 경치는 정말 아름다웠다. 언제 설립되었는지 오밀조밀한 고급 건물들의 빌리지 거리를 걷노라면 색다른 유럽 산골 마을의 정취가 풍겨왔다.

어느 스키장에서도 볼 수 없는 국제적인 동계 스포츠의 메카로서 휘슬러 빌리지의 활기와 분위기는 세계적으로 유명하다고 한다. 연말연시에는 휘슬러 블랙컴을 찾는 것을 집안의 전통으로 하는 사람들이 많다고도 했다. 스키와 리프트를 즐기고 친척들이 모여 신년 파티를 여는 환상적인 풍경들이 곳곳에서 볼 수 있었다. 높은 산 정상에는 눈부시게 햇볕이 키를 넘게 쌓인 눈 위에 내리쬐어 반팔 티를 입고 다녔다.

여름과 겨울이 공존하고 있었다.

시애틀로 돌아오는 차 안에서 딸은 배가 약간 아프다면서 화장실을 들락거렸다. 불현듯 복분자 때문일지 모른다는 자괴감이 엄습했다. 강제로 마시게 해서 민망하고 복분자를 괜스레 가지고 왔구나 하는 생각은 딸도 나도 내내 기분이 언짢았다.

시드니 도착하여, 한 달이 채 안 되었을 때이다 '엄마 나 임신했어!' 기쁨에 찬 목소리가 콩 튀기 듯했다. 그때까지만 해도 나는 사실은 복분자에 대해 어떤 효과가 있는지 전혀 몰랐다.

'엄마가 가지고 온 복분자 덕분인가 봐!' 하는 딸 목소리는 들떠 있었다. 엄마로서 딸의 숙제를 덜어준 듯해서 나도 가분이 뿌듯했다. 나중에 의사에게서 들은 얘기는 복분자에 함축되어있는 고농도의 에스트로겐 호르몬이 체내의 호르몬 균형 변화를 주어 임신하게 되었을 것이라 했다.

교회에서 예배 후 점심시간에 딸 임신 이야기를 했더니, '우리 딸은 임신이 안 되어 8년째 마음고생을 하고 있는데 빨리 한국에 수분해서 벅노톡 해 봐야겠어요.' 하더니 얼마 있지 않아 강 권사 딸도 드디어 임신해서 딸을 낳았다고 했다. 산딸기처럼 올망졸망 달린 작은 빨간 알맹이 안에 생명을 잉태하는 귀한 선물을 품고 있을 줄이야!

우산

아침부터 비가 주룩주룩 내렸다. 아파트 현관을 나서며 무지개 색상 천으로 만들어진 우산을 빼 들고 집을 나섰다. 전철을 타고 가면서 우산을 좌석 곁에 바짝 세워 두고는 오늘은 잃어버리지 말아야지 했는데 집에 돌아오는 길에는 또 빈손이었다. 손님들 몇 명을 만나는 사이 어디에 우산을 두고 왔는지 전혀 기억이 안 난다. 비 오는 날에 없어서는 안 될 우산이 비가 개고 나면 귀찮은 존재로 전락하고 잊고 오는 때가 많다. 우산 꽂이에 내가 사온 기억이 없는 우산들이 낯을 내민다.

1960년대만 해도 햇볕이 쨍쨍 내리쬐는 여름이면 곱슬곱슬한 짧은 파마머리에 꽃무늬 양산을 받쳐 들고 손수건으로 얼굴에 바람을 만들며 걷는 여자들을 흔히 볼 수 있었다. 요즈음은 땡볕 내리쬐는 여름에도 양산을 쓰고 다니는 사람은 그리 많지 않다. 챙이 넓은 모자를 쓴 여자들이 많다.

어렸을 적, 시골에는 우산이 귀했다. 요즈음처럼 색이 다양하고 방수천으로 만든 단추를 누르면 자동으로 탁 펴지는 우산이란 그때는 상상도 할 수 없었다. 깊은 시골에서는 비가 오면 인디언 추장처럼 얼굴만 내밀고 어깨부터 뒤덮은 '도롱이'를 걸치고 다녔다. 도롱이는 볏짚을 엮어서 만든 망토 비슷한 모양의 어깨부터 몸 전체를 덮는 비옷이다. 일반 가정에서는 두꺼운 갈색 비닐로 만들어진 비옷이(갑바) 대 유행이었다. 갑바는 손을 내밀 수 있는 창구만 양측 허리에 뚫려있고 소매는 없다. 갑바를 머리부터 뒤덮고 하교 때 한꺼번에 교문을 나오는 학생들 모습은 마치 크고 작은 마른오징어들이 쏟아져 나오는 모습이었다.

초등학교 때 폭우로 산사태가 나서 진흙 더미가 길을 덮쳐 학교에 혼자 갈 수 없는 날이 많았다. 그런 날은 머슴 등에 업혀 학교에 갔다. 투박하고 납작한 검정 고무신을 신은 머슴은 등에 업힌 나를 커다란 갑바로 씌우고 굵은 삼베 바지를 동동 말아 걷어붙이고는 빗속을 씩씩하게 걸었다. 발자국을 뗄 때마다 흔들리는 요람에 취해 어느새 잠이 들어 집에 오는 때도 있었다.

중국에서 대나무를 쪼개고 뽕나무 종이에 들기름을 묻혀 만든 종이우산이 우산의 시초로, 무역을 통해 세계 각지로 퍼지기 시작했다 한다. 종이우산은 부피가 크고 잘 찢어져 오래 사용할 수가 없었다.

비닐우산에 후드득후드득 떨어지던 경쾌한 빗소리, 파란 비닐우산이 생각난다. 대나무를 쪼개어 얇고 투명한 여러 가지 색의 비닐을 덧씌워 만든 비닐우산은 비바람이 치면 쉽게 뒤집혔다. 한번 뒤집힌 비닐우산은 우산살이 부러져 다시 쓸 수가 없었다.

비 오는 날 파란색, 노란색 비닐우산들은 캔버스에 화려한 색상 물감을 풀어놓은 듯 거리의 풍경을 오색으로 꾸며주었다. 무지개 우산을 펴면 하늘이 환하게 열리는 듯한 기분은 비 오는 날의 우울함이 사라진다.

그뿐 아니라, 우산 안을 올려다보면 가느다란 우산살들과 아우러져 둥글게 지붕을 만들 줄 아는 우산 천의 유연성과 든든한 우산대에서 서로의 협동의 아름다움이 느껴졌다.

한쪽 어깨가 젖는데도 하나의 우산을 둘이 쓰고 가는 사람들을 보노라면 군밤 익는 화롯가 옆처럼 따뜻함이 느껴진다. 이빈 생활이 힘들고 속실까지 젖는 소나기를 맞을 때면, 칠순인 지금도 나는 비 오는 날 버스 정류장에 우산 들고 마중 나와 계시던 울 엄마가 그립다.

오늘따라 친구와 파란 비닐우산 하나를 둘이서 쓰고 우산에 떨어지는 빗소리 들으며 주절주절 읊어 대던 추억의 수다가 그리움으로 밀려온다. 오랜 친구는 잠시 휘어졌다가 다시 제 모양을 되찾는 알루미늄 우산살로 만들어진 우산이라면 이민 생활에서 만난 친구는 약한 비바람에도 쉽게 뒤집히는 비닐우산과 같다. 한번 뒤집히면 이전처럼 회복되지 않으니 말이다.

누군가의 가슴에 단비 같은 무지개 우산이 되어주는 인생은 참 아름다운 일임이 틀림없다. 비가 내릴 때 없어서는 안 될 우산을 비가 개고 나면 까맣게 잊고 집에 오듯이 지내온 세월 동안 무릎에 힘이 풀리고 눈을 뜰 수 없던 날, 내 젖은 어깨를 씌워주던 고마웠던 우산들을 나는 지금 잊고 살고 있지는 않은지 반추해본다.

얼마 전 유튜브에서 읽은 기사이다. 삼촌과 사는 열 살짜리 조카가 삼촌의 병이 심해져 더는 치료할 수 없게 되자 의사가 '하나님만이 살릴 수 있다.'라고 하였다. '어디에서 하나님을 살 수 있어요?" 하며 일 달러를 들고 삼촌을 살리기 위해 소년은 하나님을 사려고 헤맸다. 마침내 소년은 어느 백만장자의 숨은 도움을 받아 삼촌의 건강은 되찾게 되었다. 그 글은 진한 감동을 주었다. 도움을 베푼 그 사람은 컴컴한 빗속을 헤매던 그 소년의 마음속에 환한 무지개를 뻗쳐 놓은 것이다.

'행복이란 우산을 많이 빌려주는 일이고 불행이란 아무도 우산을 빌려주지 않는 일이며 비를 맞으며 혼자 걸어가는 사람에게 우산을 내밀 줄 아는 사람은 인생의 의미를 아는 사람'이라는 김수환 추기경의 글이 떠오른다.

고향 마을

“2014년 해양 박람회 유치로 동네가 떠들썩해요. 동네 사람들 살판났다고 땅값들 오른다고 잔치 기분들이어요.”

얼마 전 친정 마을에 사는 큰올케와 나눈 국제전화에 나도 덩달아 ‘잘됐네.’ 하면서도 마음 한편에선 고향마을이 점점 옛 모습을 잃겠구나, 하는 허전함이 일었다.

내 아이들에게 고향이 어디야? 했더니 모른다고 한다. 생각해보니 내 아이들의 고향이 어디인지 나도 모르겠다. 태어난 도시 서울이라 해야 할지 어렸을 때 몇 년간 살았던 여수시라 해야 할지 아니면 고등학교와 대학을 다니며 오래 살았던 뉴질랜드를 고향이라 해야 하는지 나도 알 수가 없다. 우리 아이들뿐만 아니라 외국에서 태어나서 자란 이민 자녀들은 고향이 어디인지 모르고 고향이라는 말이 주는 정감도 모른다.

고향마을, 고향 사람, 고향 역, 고향의 봄, 고향 장터 등등 고향 하면 왠지 가슴이 설레고 반가운 느낌을 모르는 것 같다. 시골 마을은 알아도 고향은 모르는, 고향이 없는 세대의 아이들, 이 아이들은 내 고향 하면 무엇을 생각할까? 엄마의 고향쯤으로 여기며 아마도 초가집들, 돌담, 시골길을 연상하리라. 그러나 그것은 시골 마을일 뿐 고향은 아니다.

친정에 갈 때면 나는 설레고, 즐겁고 친정 집에서 오래 있고 싶은데 아이들은 시골이 불편하고 답답하다며 언제 떠나느냐고 조른다. 모르긴 해도 아마 30년쯤 지나 지금의 부모세대가 모두 세상을 떠나고 나면 더욱더 고향이란 말조차 사전에만 있을 뿐 사용되지 않을지 모른다는 느낌까지 든다. 고향뿐만이 아니라 명절도 그렇고 제사도 그런 것 같다. 명절 때 무엇을 하는지조차 대부분 이민 자녀들은 잘 모른다. 이민 생활에서 아이들은 추석을 추석답게, 설을 설날답게 지내는 것을 보지 못했고 성묘를 하고 차례를 지내는 것을 본 적이 없어서 이리라. 떨어져 살던 형제자매 친척들이 부모님 댁에 모여 정담을 나누며 오랜만에 만나는 기쁨을 밤새도록 이야기하던 기쁨의 명절, 음식을 함께 만들어 먹는 그 맛을 지금의 아이들은 모르고 산다.

전화로 자주 통화하고 교통이 많이 좋아져 맘만 먹으면 언제나 만날 수 있는 거리에 살게 되었으니 그리 반가울 것도, 오랜만에 만나는 것도 아니어서 일게다.

이곳 시드니 생활에서 나 역시도 명절 때가 되면 어떻게 명절을 지낼까 막막하다. 추석인데 음식을 뭘 해서 먹지 어떻게 보내지, 하며 이민 와서 처음 몇 해는 고민도 했었다. 성묘할 곳도 없고 친척도 없고 보니 평소 친하게 지내는 이웃 가족들과 모여 바비큐를 먹는 정도 이외에 보통 때와 다름없이 지내게 된다.

내 안에서도 명절이 퇴색돼 가고 고향에서의 추억들이 희미해져 가는데 아이들이야 그럴 수밖에 없는 거야 하면서도 왠지 모를 뿌리들이 없어져 가는듯한 허전함이 있다.

내가 살던 고향 돌산도는 저녁 9시가 되면 선착장에 나룻배는 정박하고 신작로에 부산하게 오가던 동네 사람들도 저마다의 집에 들고나면 가끔 컹컹대는 개 짖는 소리만 밤공기를 가를 뿐 섬마을은 조용했다. 창호지를 바른 방안의 석유 등잔 불빛이 방문 앞에 벗어놓은 고무신들을 희미하게 비치는 초저녁이면 엄마는 혹시나 육지에서 부르는 내 목소리가 바닷바람 타고 들려오는지 대문 앞을 서성이며 여수시 쪽 바다를 향해 귀를 모으셨다. 큰 도시로 더 좋은 상급학교로 보내겠다고 밤늦도록 과외시켜 귀가하는 딸 데려오려고.

"엄마 나야 배 보내줘……."

여수시 쪽 나루터에서 두 손을 모아 목청껏 소리를 지르면 내 목소리는 밤바람을 타고 엄마 귀에 들리면,

"오냐, 배 보낸다……."

큰소리로 하셨겠지만 가물가물하게 들리던 엄마 목소리가 있고 난 뒤, 조금 있으면 굵은 삼베 바짓가랑이와 옷소매를 둘둘 말아 걷어 올린 차림의 머슴이 밤바다를 하얗게 가르고 삐거덕삐거덕 소리를 내며 노를 저어 왔다. 조금만 출렁여도 바닷물이 배 안으로 들어올 듯, 겨우 두 사람이 탈 수 있는 땐마(아주 작은 배) 뱃전에 앉아 손을 내밀면 바닷물이 철석이며 손등을 적셨다.

하늘의 은하수를 방불케 하는 수많은 해파리 불빛이 밤바다 수면에 달빛을 받아 끝없이 부서지고, 동네는 어둠에 싸여 반딧불을 모아 놓은 듯 오밀조밀 불빛이 반짝였

다. 밤하늘에 반짝이는 수많은 별을 머리에 이고 땐마에 실려 집으로 가곤 하던 아름다운 추억은 내 유년기의 별 같은 아름다운 기억이다.

중학교를 마칠 때까지 통통배를 타고 여수시로 학교다녔다. 털장갑이 없던 시절이다. 겨울이면 밥하는 아주머니는 아침밥을 지을 때 아궁이 속에 몽돌(조약돌)을 넣어 두었다가 쓰고 난 공책을 뜯어 둘둘 싸서는 손이 시릴 거라며 따뜻한 몽돌을 언니와 내 호주머니에 넣어 주곤 했다. 내 고향 돌산도는 돌산 갓김치로 유명하다.

토양과 햇볕이 갓이 자리기에 알맞아 다른 지역에서 자란 것보다 맛이 더 좋아 옛날 임금님 수라상에 올려졌다고 전해진다.

내 고향은 요즈음 2014년에 있을 해양 박람회 유치로 전보다 더 빠르게 변모해 가고 있다. 우리가 어렸을 때는 초가집, 양철 집들 사이에 제법 위풍답던 기와지붕 친정집은 양 옆으로 높게 올라간 이 층 벽돌집들 사이에서 유행이 지난 옷을 걸친 모습이다.

몇 년 전부터는 통통배는 없어지고 연륙교가 멋있게 놓여 차를 타고 여수시를 오갈 수 있게 되었다. 썰물 때면 조개를 줍고 파래를 뜯던 경사진 바닷가는 바닷바람을 즐기며 걸을 수 있는 해안로가 길게 만들어졌다. 12개의 섬과 섬을 잇는 다리가 놓인다고 한다. 이 다리들은 또 하나의 한려수도 관광명소로 자리해 갈 것이다. 작은 섬들과 연륙교가 한눈에 바라보이는 전망 좋은 뒷동산 중턱 우리들의 놀이터는 근사한 MBC 드라마 촬영 세트장이 지어졌다.

고향 마을은 점점 좋아지고 있는데, 영화 '누구를 위하여 종은 울리나'에서 바닷속에 잠긴 도시처럼 애석해 지는 것은 어쩐 일일까. 함석지붕 위와 나지막한 돌담 위로 호박 넝쿨, 박 넝쿨이 뻗어 가고 마당을 가로질러 길게 쳐진 빨랫줄 장대 꼭대기에 앉아 지지배배 지저귀던 제비들도 언제부터인지 간곳없다.

책가방 대청마루에 휙 던져두고 동네 아이들과 뛰놀던 보리타작 마당, 깡통차기, 자치기 하며 놀던 멸치 어장 드넓은 공터도 없어진 지 오래다. 자식들 넘어져 무릎 깰 세라 우리가 다니는 신작로에 돋아난 돌부리들을 캐서 치우며 다니신 울엄마, 자식 교육 유별나 사 남매 모두 뭍으로 보내고 여객선 뱃고동이 울리면 행여 내 새끼들 오는가 기다림의 세월이었다.

깊게 파인 주름에 세월이 묻어나고 몸집도 작아져 웃을 때면 어린애 모습 같은 팔순 어머니는 지금도 옛집에 계시는데 갈 때마다 변하는 고향 마을은 낯실기만 하다.

박람회가 유치되고 땅값이 오르고 높은 벽돌 건물들이 들어선다는 큰 올케의 들뜬 전화 목소리는 기쁨보다는 소중한 것을 잃어가는 것 같은 허탈함이 몰려온다. 고향이지만 갈 때마다 점점 더 생소해지는 고향마을, 며칠 후 친정 가기 위해 비행기 표 사서 손에 들고 여행사 이 층 계단을 내려오는 나의 발길은 알 수 없는 실향의 떠도는 이방인의 고독이 엄습해 왔다.

2011년 시드니

마음속 감꼭지

얼마 전 한국행 비행기 안에서 앞 좌석 등에 붙어 있는 소형 텔레비전에서 할리우드 영화 〈소울 서퍼〉를 감상했다. 열 시간 남짓의 지루한 비행시간 죽이기로 무심코 화면을 보기 시작했는데 점점 영화 속으로 빠져들어 갔다. 영화 감상이 끝난 후에도 주인공 베타니가 손바닥만 한 비행기 창 너머 구름 위를 서핑하는 모습이 여울져 왔다.

영화 〈소울 서퍼〉는 하와이에 사는 한 가정에서 있었던 실화를 영화화한 영화라고 한다. 영화 줄거리는 서핑을 좋아하는 10대 소녀 베타니가 상어에 물려 한쪽 팔을 잃게 되었는데 가족 모두 좌절하지 않고 역경을 극복하여 전국 서핑대회에서 1위를 차지하고, 유명한 서핑 선수로 성공하는 내용이었다.

영화에서 인상 깊었던 것은 상어에 물려 한쪽 팔을 잃은 어린 베타니가 다시 바다에서 파도타기 연습을 하며 힘들다고 할 때마다 격려해주고 역경을 이기게 해주는 아버지와 어머니였다.

"엄마 이제 나 어떻게 해?"

베타니가 물었을 때, 어머니는, "괜찮아, 차츰 나아질 거야. 넌 살아있는 기적이야. 네게 능력 주시는 이 안에서 넌 무엇이든지 할 수 있어."

"괜찮아 이번에는 파도가 좋지 않았어. 다음 파도를 타, 다 괜찮아질 거야."

아버지는 격려하였다.

베타니가 사춘기 때 일이다.

"사람들은 정상적인 것을 좋아해요. 누가 나를 좋아하겠어요."

"밀로의 비너스는 팔이 없어도 많은 사람 사랑을 받는데 너는 팔 하나가 더 있잖아."

하던 베타니 엄마의 말이 감동적이었다. 팔 하나로 멋있고 유유하게 서핑하는 베타니를 보면서 환경을 탓할 게 아니라 받은 행복을 세어보며 감사하는 마음으로 사는 것이야말로 정말 아름다운 삶의 자세라는 생각이 들었다.

존 오웰의 〈긍정의 힘〉에서 읽은 긍정의 힘이 살아 숨쉬는 생활을 영화로 감상한 느낌이었다. 긍정의 힘은 자칫 포기하기 쉬운 어려운 삶을 놀라운 힘으로 지탱하여 주며 밝은 삶으로 이끌어 주는 것 같다.

지금의 내 직장생활에서도 이를 가끔 보게 된다. 사업이 잘되지 않아 비즈니스를 팔려고 하는 사람들은 근심스러운 표정으로 '쉽게 팔릴까요?' 하며 내 표정을 살핀다.

'팔리고 말고요. 사람마다 자기가 좋아하는 스타일 비즈니스가 있어요. 우리나라 사람들 하는 말로 임자가 따로 있어요.'라고 말하면, 금세 얼굴에 그늘이 가시고 밝은 표정으로 바뀌는 것을 볼 수 있다. 비즈니스를 처음 사는 사람들 역시 한결같이 내 표정을 살피며 '잘 운영할 수 있을지 모르겠어요?' 한다. 그럴 때 나는, '그럼요, 잘 될 거예요.'라고 말하면 자신감이 피어나는 것을 볼 수 있었다.

시드니 가을, 오월이 되면 감 먹는 재미로 산다고 할 만큼 나는 감을 좋아한다. 먹음직스럽고 통통한 뾰족한 감을 여름에도 먹는 재미가 쏠쏠하여서 한 개 한 개 클린랩으로 싸서는 매년 냉동고에 차곡차곡 보관하였다가 여름에 꺼내 먹는다.

전에 살던 집 뒤뜰에는 봄이면 하얀 감꽃이 흐드러지게

피어 감나무 아랜 바람이 불면 감꽃들이 수북이 떨어졌다. 가지에 달린 풋감들은 움푹 파인 배꼽에 작은 털 하나를 달고 감싹지에 싸여 커갔나.

땡볕이 내리쬐는 여름 동안 녹색 감꼭지 잎에 숨어 보이지 않던 풋감이 점점 커지면, 감꼭지는 자식들이 커갈수록 작아지는 엄마 모습처럼 감 밑동으로 몸을 웅크리고는 네 개의 연한 갈색 잎을 뾰족이 내민 채 숨어 붙어있다. 비바람이 세차게 부는 날이면 풋감을 네 잎으로 싸안은 채 가지에서 떨어지지 않으려 안간힘을 쓴다. 감꼭지는 힘든 계절을 지탱하여 준 후, 감이 익어가면 제 할 일을 다 마친 양 살그머니 스스로 감에서 떨어진다.

베타니에게 부모님은 긍정의 힘을 심어준, 마음속의 감꼭지이었듯이 사람들은 삶을 지탱하여 주는 마음의 감꼭지를 한 곳쯤은 품고 살아가는 것 같다. 몇 년 전 세상을 떠난 애플 컴퓨터 회사 창립자이며 세계 최초의 개인용 컴퓨터 개발자인 스티브 잡스는 일본 선불교 승려인 오토가와 고분 치노가 항상 정신적 스승이었다 한다.

누군가의 삶에 긍정의 힘을 부어주고 살에 깊이 박힌 감꼭지의 존재로 산다면 참 아름다운 인생인 듯하다.

혼밥, 혼술객

전에는 분명 그런 까칠한 성격이 아니었는데……. 내 친구 S의 말투에 불편한 감정이 마음 밑바닥에 깔린 게 며칠이 지나도 풀리지 않았다. 교민 신문에서 '사라진 이웃'이란 글을 읽고서야 '아! 그래서였나 보다.' 여겨지기 시작했다.

그녀와는 삼십 년 넘게 형제처럼 지내온 사이이다. 남편들이 한국에서 같은 회사에 다녔고, 먼저 이민 온 그녀네 알선으로 우리도 이민 온 셈이다. 오클랜드에서 살 때도 길 하나 사이 한 동네에서 13년을 오가며 문턱 없이 지냈다.

그 친구는 남편이 세상을 떠나자 서울로 돌아가 7년 생활 후 지난해 호주에 재이민 왔다. 몇 살 나보다 적지만 언니처럼 챙겨주는 가슴이 넓은 여자다. 다시 만나 예전과 다름없이 대하는 나와는 달리 왠지 모를 꼭 집어 말할 수 없는 퉁명스러운 언행이 그녀에게서 간간이 비쳤다.

친구는 온종일 휴대전화를 끼고 살았다. 앞치마 호주머니 안에 있는 휴대전화에 온 신경이 가 있고 휴대전화가 안 보이면 안절부절이었다. 보다 못해 한번은 '전화 중독이야?' 했더니 대뜸 하는 말이 '남이야 그러든 말든 무슨 상관이에요?' 하며 발끈 성을 내어 깜짝 놀랐다. 30년 친구로 전에는 이러지 않았는데 하는 의구심이 섭섭함과 함께 몰려왔다. '내가 남인가? 친구가 아니고?' 그러다 다음(Daum)에서 기사를 보고 '아! 서울에서 오래 살다 와서 혼자 밥 먹기, 혼자 마시는 술 문화에 젖어서 이러는가?' 하는 생각이 들었다.

'사라진 이웃'이라는 기사에는 이웃과 마주쳐도 인사조차 하지 않고 지나치는 사람들이 증가하고 있고, 개인주의 문화가 점차 확산하면서 이웃과 유대감이 떨어져, 위험시 이웃 도움받기 힘들다고 쓰여 있었다. 비혼 족(혼인 않고 사는 사람), 딩크족(애를 낳지 않고 사는 사람), 프리랜서(한 직장에 얽매이지 않고 일하는 사람)들은 은둔자로 살고 싶어 하고 사적인 대화는 삼가야 한다고도 했다.

혼밥 손님들이 가는 식당은 칸막이가 쳐져 있고 혼자씩 앉아 밥을 먹으면서 열심히 휴대전화를 두들긴다. 손님들은 하나둘 자기 칸에 앉아 밥을 먹고 간다. 아마도 혼자 밥 먹기 식객들의 밥상 반찬으로는 외로움 한 접시, 쓸쓸함 한접시, 호젓함 한 접시씩 곁들여 있으리라.

식구라는 말은 한 솥에서 지은 밥을 같이 먹는 가족을 말함인데 요즈음은 식구라는 단어도 사라지는 것 아닌가 여겨지고 찌개 냄비 상 가운에 놓고 숟가락들 찔러 가며 밥 먹던 '밥상머리'라는 말 역시도 사라져 가고 있는 것 같다. 혼자 포장마차에서 술을 마시는 혼술객도 늘어나고 있다고 한다. 술을 나눌 친구가 없어서 인가 아니면 옆 사람 신경 안 쓰고 조용히 혼자 술을 즐기려 함인지는 모르나 왠지 가을비 맞으며 오솔길을 홀로 걸어가는 듯한 쓸쓸함이 느껴진다.

퇴근하여 친구들과 함께 둥그런 철판 식판 가운데 소주병 세워두고 꼴깍 한 모금하면 딱 맞는 크기의 작은 유리 소주잔 기울이며 허심탄회하게 한잔하던 술객들이 골목마다 그득했는데, 모여 있지만, 옥수수 알갱이처럼 따로 따로 떨어져 사는 혼밥, 혼술객들.

소가 없으면 외양간은 깨끗하지만 마른 밭을 일구고 갈아엎어야 할 때는 힘센 소가 있어야 할 터인데 지저분한 외양간 청소하기 싫고, 소똥 냄새 싫나면 밭 갈아엎는 일을 힘에 부쳐 혼자 어떻게 하려나.

길 건너 사는 은정 엄마는 친정 식구 두 가정, 시댁 식구 네 가정 모두 시드니에 사는데 한 번 모이려면 봉고차 하나가 작다고 한다. 이민 생활에서 이보다 더 부러운 게 없다. 바비큐장에 둘러 모여 지글지글 고기 구워 먹으며 웃음꽃 피는 모습. 왜 나는 진작 친척들, 친구들, 이민 오게 하는 데 적극적이지 못했을까, 늦게야 후회스럽다. 혼자 앉아 밥을 먹으면 왠지 초라한 느낌이 들고 카페에서 커피를 마셔도 구석진, 혼자 앉는 자리는 피해서 앉게 되는 나는 시대에 뒤진 사람일까?

새로 산 집, 수리가 끝나면 S를 불러 맛있는 월남쌈을 같이 먹어야지 하고 생각해 본다. 이런저런 감정 라이스 페퍼에 싸서 피시 소스에 곁들여 넘기며 말이다.

트럼프와 김정은의 회담을 보며

며칠 전부터 텔레비전에서 북미정상회담 준비와 가상되는 회담 내용, 회담 결과에 관하여 독무대로 연일 방송 중이다. 2018. 6. 12. 드디어 그날이 왔다! 미국 도널드 트럼프 대통령과 북한 김정은 국무위원장이 싱가포르 센토사에 있는 카펠라 호텔에서 회담 중이다.

'우리한테는 우리 발목을 잡는 과거가 있고 그랬던 관행들이 때로는 우리 눈과 귀를 가리고 있었는데 모든 것을 이기고 이 자리까지 왔다.' 하는 김정은의 말에 트럼프는, '맞다.'라고 화답하며 악수를 했고, 비핵화와 체제 안정보장을 교환하는 세기의 중요한 거래가 진행되었다.

얼마 전만 해도 두 사람은 앙숙 관계였다. 북한에서 미국 하와이로 미사일이 발사되자 이에 화가 난 트럼프는

즉각 전쟁을 일으킬 듯 연일 으르렁댔었다. 트럼프는 김정은을 '미친 독재자'라고 했고, 북한은 트럼프를 '미제 늙다리'라고 했다.

항간에서는 북한을 시점으로 전쟁이 시작되어 3차 세계대전으로 이어지고 지구는 불더미 속에 쌓여 종말이 올지도 모른다는 뜬소문까지 떠돌 정도였는데 천둥과 번개가 걷히고 트럼프는 김정은을 '통 큰 사람이다.'라고 칭찬하고 김정은은 트럼프에게 '오늘의 회담이 있기까지 수고한 트럼프 대통령에게 감사한다.'라고 했다.

상대를 압도하겠다는 뜻으로 빨간 넥타이를 착용한 트럼프와 인민복 차림의 김정은 두 사람은 합의 내용에 서명하였다. 합의 내용인즉 새로운 북미 관계 수립, 북한 체제보장, 한반도 비핵화, 전사자 유해 송환 등이다. CVID(완전하고, 검증 가능하며, 되돌릴 수 없는 비핵화)가 언급되지 않아서 언제부터 핵 폐기를 하는지 하는 의구심을 남긴다. 역사에 큰 획을 긋는 대단한 사건 임은 틀림없다.

65년 전 전쟁을 하던 두 나라 정상의 급변하는 세계정세에 난 아직도 어리둥절할 따름이다. 60년 전 초등학교 다닐 때 빨간색 크레용으로 미술 시간에 가장 많이 그린 포스터는 '잊지 말자 6·25', '물리치자 공산당', '불조심'이었다.

초등학생들이 그린 포스터들은 교실 뒷벽에 줄줄이 붙여졌고, 붉은 포스터들을 보고 있노라면, 그때는 어린 마음에 금방이라도 붉은 괴뢰군들이 쳐들어오는 듯한 분위기가 느껴졌었다. 방학 동안 미술 과제로 수없이 반공 포스터를 그려 제출하였다.

교내 웅변대회 때면 학생들은 잊지 말자 6·25, 물리치자 공산당을 목청껏 외치며 방공훈련을 받았다. 아침 조회시간이면 어린 초등학생들을 땡볕 운동장에 전교생 줄지어 소집해 두고 교장 선생님은 방공 훈시를 소리 높여 연설하였었다. 교내 글짓기에서는 반공을 표제로 하는 글을 자주 지었고, 본 적도 없는 붉은 악마를 잘 써낸 학생들이 상을 탔다.

붉은 괴뢰군들이 쳐들어오는 때 대비하는 연습이라며, 요란하게 사이렌이 울리면 하던 놀이를 멈추고 교실로 뛰어 들어가 책상 밑에 숨거나 운동장 가에 심어진 큰 나무 밑으로 달려가 두 손으로 얼굴을 감싸고 땅에 엎드리는 방공훈련을 자주 했었다.

고등학교 남학생들은 책가방에 군인들이 입는 청개구

리 무늬 교련복을 넣고 다녔다. 사이렌이 울리면 교련복으로 잽싸게 갈아입고 전시 태세로 돌입하는 훈련이었다. 체육 시간에도 교련복을 입고 운동했고, 물리치사 공산당을 수없이 외치며 우리는 그렇게 커왔다.

아침 수업 시작은 선생님 구령에 따라 한목소리로 '반공을 국시의 제 일로 삼고 우리는 대한민국의 자랑스러운 아들딸로서…….' 하며 방공 훈시를 줄줄이 외우고 난 후에야 수업이 시작이었었다. 세뇌 교육되어서인지, 나는 한참 커서까지도 북한에는 붉은 뿔이 달린 붉은 악마들이 산속 움막, 숲속에 숨어 사는 땅이라고 생각했었다.

대한항공 여객기 폭파범 '김현희'가 신문에 실렸을 때이다. 놀랐다. 저렇게 예쁜 여자가 북한에 살다니 하면서. 두 번째로 놀란 것은 얼마 전 평창 동계올림픽 때 참가한 삼지연 악단의 단원들을 보았을 때이다. 뽀얗게 살이 통통하게 찐 예쁜 얼굴들, 세련된 머리 모양과 옷차림에 놀랐다. 얼굴색이 누런 흰 저고리, 검정 치마들이 올 줄 알았는데 쭉쭉빵빵한 젊은 여자들이 버스에서 수없이 내렸다.

이북에는 지붕이 낮은 초가집들, 기와집들만 있는 줄 알았는데 동계올림픽 때 텔레비전에서 비춰주는 평양시는 빽빽한 고층 아파트가 밀집해 있고, 고층 사무실 빌딩들이 가득한 대도시 모습에 나는 또 놀랐다. 나는 이북에 대하여 무지했던 굴속의 박쥐이었음이 느껴졌다.

분명 세계정세는 급변하고 있는데 나는 쉽사리 적응이 잘 안 된다. 배가 불룩한 김정은이 트럼프와 악수를 하며 '협력해서 평화와 번영을 반드시 이룩하겠다, 과거를 뛰어넘어 함께 하는 미래로 가겠다.' 하는데 무슨 꿍꿍이 속셈이 있을 건데? 믿어지지 않는다.

소금에 절인 배추처럼 그동안 북한 소행에 절어왔고, 어린 시절 철저한 방공 세뇌 교육 탓인지 단번에 과거에서 깨어나지 못하고 아직도 어리둥절하기만 하다. 김정은이 회담에서 한 그의 말과 같은 한반도 비핵화는 과연 이루어질까?

2018. 6. 14.

반 잔의 커피

예루살렘에서 20분만 벗어나면 유대 광야가 있다. 염소를 키우는 베두인들 이 사는 몬테르산 은 예루살렘에서 12km 떨어져 있다. 베두인은 유목민으로 광야와 사막에 간단하게 집을 짓고 가축을 키우며 사는 아랍인 유목민이다. 이들은 힘든 삶이지만 유목민의 전통을 지키며 산다.

손님이 오면 커피를 내온다. 커피는 베두인족 텐트에 초대받았는지 아닌지를 알려주는 표시로 커피를 반 잔 따른 잔은 초대한다. 가득 따른 잔은 초대 않는다는 뜻이다. 손님이 들어서자마자 이루어지는 의식으로 들어오자마자 손님으로서의 환대를 거부당할 수도 있다. 또한, 이미 사흘간 머무른 손님에게는 이제는 충분히 머물렀으니 집으로 돌아가는게 어떻겠냐는 의미로 잔을 꽉 채운 커피를 내온다고 한다.

코로나바이러스 범유행 불길이 잦아졌다 싶었는데, 다시 타오르고 있다. 마치 아궁이 속 생솔가지가 타듯이 뜸을 들이더니 무섭게 다시 타올라 청정지역으로 인정받던 시드니도 하루에 35명, 44명 확진자 발생 시작으로 어제는 114명, 오늘은 97명이라고 한다. 세계 다른 나라들도 마찬가지이다. 한국은 연일 1,500명대의 하루 확진자가 12일째 나오는가 하면 영국에서는 봉쇄 완화 정책으로 들어가려는데 하루 확진자가 5만 5천 명으로 모두 보유상태라고 한다. 미국 경우도 바이든 정부 이후 최악의 상태를 벗어나 호전되는 기미이더니 오늘 뉴스로는 다시 급증하고 있다고 했다.

시드니 동부지역 본다이 비치 동네에서 재시작된 코로나바이러스 범유행은 이제는 시드니 전 지역으로 퍼져 부지불식간에 감염자를 만날 수도 있는 코로나 지뢰밭이 되었다. 아직 백신도 개발되지 않은 델타변이 바이러스에 의한 감염자가 전체 확진자의 60퍼센트에 달한다고 한다. 끝이 보이지 않는 코로나바이러스 범유행 속에서 우리가 할 수 있는 일이란 고작 백신 맞고 집에서 가만히 지내는 일뿐이라는 게 안타깝다. 코로나바이러스 범유행은 세계화를 향해 무모하게 질주하다 생긴 실족 사건으로 평가되고 바이러스를 극복하는 길은 자연보호운동을 전개하는 길이라 한다.

집 앞길에는 평소 보다 훨씬 적은 숫자의 차들이 쌩쌩 지나고 걸어 다니는 사람은 볼 수가 없다. 행인들을 보이는 데로 마구잡이로 차에 태워 코비드 테스트 장으로 보낼 수도 있는 무작위 테스트(Random Test) 경찰차가 드문드문 지나다닌다. 4인 이상 모임 금지에 남의 집 방문도 2인 이상 금지 조치인, 식당, 레스토랑, 카페 등은 모두 문을 닫아야 하는 록다운 기간이다. 배달, 테이크 아웃만 허용되어 몇몇 문을 연 식당 앞과 카페 앞에는 마스크를 쓴 손님들이 길게 줄을 서 있다. 언제까지 이런 상태가 계속되려나 염려스럽다. 지난달까지만 해도 점점 많아진 쇼핑센터 내 쇼핑객들과 저녁 늦게까지 식당마다 가득한 손님들을 보며 차츰 코로나바이러스 팬데믹에서 벗어나는구나 여겼는데 갑자기 불어나는 확진자들로 인해 도시 전체가 문을 닫아야 하는 록다운 3주일째이다. 멜본도 오늘부터 록다운이 다시 시작됐다.

도시 전체가 숨을 죽이고 있는 듯한 공황상태에 빠져든 느낌이다.

오후에 기차로 펜 리스에 있는 수시 가게를 다녀왔다. 매매가 진행 중인 그 가게의 비품 명세서 작성이 필요해서였다. 파라마타 집에서 기차를 타고 펜리스로 가는데 정거장마다 기차는 머물고 문은 열리지만, 기차를 타고 내리는 사람이 없었다. 확진자가 가장 많이 나온 페어필드역을 내가 탄 기차가 지나기 때문인지 나 이외에 승객이라고는 모자를 푹 뒤집어쓴 험상궂게 생긴 아랍인 남자뿐이었다. 기차 내에서 무슨 일을 당해도, 소리를 쳐도 도와줄 사람이 없겠구나 하는 두려움은 일어서서 입구 쪽 손잡이를 꼭 잡고 갔다.

근거 없는 자신감과 설마 하는 요행 심리가 부추겨 걸어서 십 분 거리의 파라마타 웨스트필드 쇼핑센터에 갔었다. 가게들 셔터가 무겁게 내려져 있고 어슬렁거리는 쇼핑객들은 볼 수가 없었다. 왕왕대던 벌들이 떠난 거대한 벌집같이 텅 빈 채 깊은 잠에 빠져있는 느낌은 공허함을 일으켰다. 커피를 살 수 있는 곳은 먹거리 장터 코너에 있는 쇼울 오리진(Soul Origin) 한 곳 뿐이 었다.

록다운(Lock down)이 시작될 때는 2주가 지나면 풀릴 줄 알았다. 하루 확진자가 100명이 넘어서자 정부는 록다운 2주일 더 연장한다고 어제저녁 발표했다. 말할 수 없는 안타까움이 몰려들었다. 가게 문을 닫고 답답한 가슴을 쓸어내리고 있을 저 많은 소상공인, 내 고객들의 생계가 나의 일처럼 느껴졌다. 저들의 어려움을 무엇으로 대신해 준단 말인가. 어렵사리 장만한 비즈니스들이었을 터인데 싶어 더욱 안타깝다. 지난해 3월부터 퍼진 코비드 바이러스 범유행, 일 년은 버티었으나 이제는 더는 버틸 수 없어서일 게다. 나를 통하여서 비즈니스 매입을 한 손님들이 셀 수 없이 많다. 카페, 레스토랑, 수시 가게, 공장 등등….

코비드바이러스 범유행을 내가 불러온 것은 아니지만 나의 잘못이기라도 한 듯, 철문이 무겁게 내리진 그 가게들 앞을 지나기가 미안하다. 평소 같으면 테이크 아웃 커피 두 잔을 들고 가게 내로 들어가 '요즈음 장사가 어때요.' 하며 반갑게 이야기들을 나누었을 터인데 그러지를 못한지 한참 됐다. 가게 주인들은 나를 보면 어떤 느낌이 들까. 괜스레 비즈니스를 샀다고 속으로 후회하고 나를 원망하고 있는 것은 아닐까 하는 데에 생각이 미치면 가게 안으로 들어가질 못한다. 나의 방문이 베두인족이 손님에게 대접하는 커피잔 가득 채운 커피일 수도 있다고 여겨져 주인의 눈에 띌까 봐 가게 앞을 지나는 발걸음을 재촉하게 된다.

나사렛에서 동북부 골란고원 최 북부는 시리아 땅이었지만, 1967년 중동전쟁으로 이스라엘이 점령한 곳이다. 이 마을은 1979년 분단됐다. 마치 우리나라 휴전선처럼 길게 철조망이 처져 있다. 철조망 밖에 있는 땅이 바로 고함의 언덕 '기부 맛 하 짜이콧'이다. 짜이콧은 고함을 지르다 라는 뜻인데 눈물의 언덕이라고도 부른다.

시리아 영토였던 고함의 언덕은 하루아침에 마을이 두 동강이 났고 서로 만날 수 없는 헤어진 가족들은 철조망 국경을 사이에 두고 소리쳐 서로의 안부를 전했다. 많은 사람이 이 언덕에서 죽을 만큼 통곡을 했다. 아침에 일하러 가기 전에 아침 인사를 하고 저녁에 돌아와서 반대 방향을 향해 저녁 인사를 했다. 국경 너머에 있는 어머니를 부르며 울부짖는 목소리를 들었는데 10년 전부터는 인터넷으로 화상 채팅이 가능해 고함을 지르지는 않아도 된다고 한다.

코비드 19 확산으로 인해 국제선 비행기들이 막힌 게

오래다. K씨 가족 경우는 한국에 계신 어머니가 돌아가셨다는 비보를 받았으나 장례식에 참석할 수가 없어 발을 동동 굴렀다. 가족은 어머니 장례식에 살 수가 없기에 한국 쪽 방향 벽에 어머니 사진 놓고 제사상을 차리고 통곡하였다고 했다.

언제쯤 코로나바이러스의 '악마의 장난'이 막을 내릴까. 코로나바이러스는 사람과 사람 사이 정을, 인연의 끈을 끊어 놓는게 즐거운가 보다. 고객들과 나의 관계도 그렇고 형제와 친구, 가족 사이도 끊어 놓고 있다. 소라처럼 한집에 혼자씩만 살라고, 집에만 있으라고 오늘도 극성을 부리고 있다.

언제쯤이 될까? 이전 같은 날이 다시 오기는 오려나? 바다를 가르며 지나는 배가 멀어지면 바다는 다시 잔잔해지고 언제 배가 지나갔었나 싶듯이, 코비드 녀석이 오지 않았던 그때가 하루빨리 다시 오면 좋겠다. 커피잔을 가득 채운 커피가 아니라 커피 향이 물씬 나는, 반 잔쯤 채워진 마키아토 커피잔을 마주하고 고객들과 웃음을 나눌 수 있는 그 날이 ……

흔들리는 돛

앉아 있던 자리에서 바지에 붙은 마른풀을 털고 일어서는 일이 참 힘들다. 또 한 해가 지나간다. 한국으로 이사가고 싶은 갈망은 질화로에 담긴 불씨처럼 사위지 않고 가슴 깊숙한 곳에 묻혀있다. 연습도 복습도 할 수 없는 인생 오후를 사는 지금, 진작 갈 걸 그랬어하는 마음과 여기 시드니에 눌러앉고 싶은 마음이 오락가락한다.

어제저녁 한국에 사는 친구와 긴 전화 통화를 했다. 한 번도 주거 이동 없이 결혼 때 장만한 건물 옥상에 과일나무들, 화초들 기르며 남편과 유복하게 사는 친구 K는 오늘도, "나는 네가 젤 부러워."라고 한다.

나는 정해진 시골 버스를 타고 늘 다니는 길을 오가며 평화롭게 지내는 그 친구의 생활이 부러운 데 말이다. 바뻐게 사는 나와는 달리 카톡으로 보내오는 그 친구 사진에는 머리가 희끗희끗한 준 할머니들이 한가하게 노니는 사진들이다. 친구 K는 독일, 서울, 뉴질랜드, 호주 외국 생활 30년이 넘은 나를 부러워한다.

한 번도 맞벌이 직장생활을 해 본 적이 없는 그 친구는 오늘 저녁 전화만 해도, "네가 최고로 멋지게 산 거야, 많은 사람이 부러워하는 호주에서 사는 네가 부러워, 더 욕심부리면 과욕이지.", "외국 생활 그저 그래." 내 솔직한 말을 그 친구는 믿으려 하지 않는다.

다니는 회사를 이제는 그만두고 싶다고 했더니, "넌 행운이야, 지금 그 나이까지 일할 수 있다니 축복받은 거야."

글쎄다, 내가 과연 멋지게 산 것인가 축복받은 삶인가 되짚어 본다. 30년 이민 생활은 열심히 살았다고는 여겨지나 잘 살았다고까지는 아니다. 속이 빈 강정처럼 뭔지 모를 외로움 속에서 두서없이 지내며 살아왔던 것 같다.

집 강아지는 한적한 시골길도 가보고, 여러 가지 음식들이 진열된 도시도 가보고 산동네도 지나며 골고루 맛본 들 강아지를 부러워하지만, 들 강아지는 요즘 들어 집 강아지가 부럽다.

고등학교 때 국어 선생님이 말씀하신 '잔디의 철학'이 떠오른다. 잔디밭에 서면 내가 서 있는 잔디는 듬성듬성하고 먼 곳을 바라보면 그곳은 잔디가 푸르러 그곳으로 달려갔더니 그곳 역시 발 밑에 잔디가 듬성듬성하더라는, 남이 가진 것이 더 좋아 보인다는 말이었다.

동네 신발가게에서 빨간 가죽으로 만든 여름 샌들을 샀다. 얼기설기 엮어 만든 올해 유행하는 샌들이다. 빨간 샌들을 신고 집을 나서니 갈색이나 검은색 구두를 신고 나설 때 보다 기분이 밝아지고 마음에 환한 봄볕이 드는 것 같았다.

미국의 지미 카터 어머니는 '오늘은 어떤 즐거운 일이 나를 기다리고 있을까?' 하며 잠자리에서 일어난다고 한다. 내가 누구인지, 왜 사는지 등 무거운 생각은 접어두고 그때그때 나 자신의 선택을 믿으며 마음 흐르는 대로 살아야지 해본다.

아내와 엄마로 부산했던 어제보다 아직 오지 않은 내일보다 지금을 더 사랑하며 말이다. 생리적 나이로는 반생을 훌쩍 넘겼지만, 마음의 나이는 하프타임 시간이다.

운동경기에서 하프타임이란 후반전 시작 전 전반전 경기를 되돌아보고 후반 경기를 어떻게 진행할 것인가를 재조명하는 시간이라 한다. 내 인생의 하프타임에 머무는 지금, 하고 싶은 일들이 아직도 많다.

칠십 살이 넘도록 회사에 다니는 것은 인생의 내리막길에서 운 좋게 산책 나온 행운과 마주친 것이라 여긴다. 나는 가끔 근무 시간 중 차를 해변 도로에 잠시 세워두고 차창으로 들어오는 해변의 소리를 듣는다.

숨겨온 거품을 바위에 하얗게 뿜어 놓고 밀려갔다가 다시 밀려오는 파도와 그 위에 반짝이는 햇빛에 눈이 부실 때면, '하나님 이렇게 아름다운 나라에서 살게 하여 주셔서 감사합니다.' 한다.

감정을 글로 쓰는 능력이 아직 부족하지만, 문학회에 나가는 날도 나는 참 좋아한다. 마음의 흐름을 글로 써, 글이 완성되었을 때의 보람은 성패에 앞서 기쁨과 만난다.

나의 생애 후반전을 어느 곳에서 펼칠 것인지를 결정하지 못하고 있다.

한국에서 여러 남녀 노인들이 합숙하며 그림 그리기, 사교댄스, 등산, 여행 등 함께 어울려 생활하는 노인정이 매력 있어 보이는 것은 웬일일까? 마음 맞는 친구와 마루가 넓고 돌담 울타리가 나지막하게 쳐진 시골집을 공동으로 구매하여 텃밭 가꾸고, 장날이면 장에 함께 다니며 자연 속에 파묻힌 시골 할머니로 오순도순 사는 모습도 재미있어 보인다.

어제는 머리가 희끗희끗해져 가는 친구들 만나 수다 떨며 맛집 찾아다니며 단풍 구경 다니는 한국 생활이 어서 오라고 손짓하더니, 오늘은 작은 화단이 딸린 주택에서 책장 빽빽하게 진열된 책을 읽으며 그동안 시드니에서 사귄 친구들과 지내며, 지나간 이야기들 글로 써보고, 고목 사이로 불어오는 바닷바람을 음미할 수 있는 시드니가 좋다. 아직도 나는 한국에 가서 살다가 한국에 묻혀야 하는 건지 마지막까지 시드니 살다가 이곳에서 잠들어야 하는지 모르겠다. 더 늦기 전에 귀국할까 하다가 아니야 후회할지도 몰라 과감히 결정을 못하고 있다.

문득 〈소노 아야코의 계로록〉에 쓰인 글귀가 떠오른다. '인생에 유효기간이란 없고 꿈이 있는 한 인생에 정년은 없다.' 난 이 말을 참 좋아한다.

전반전은 신겨진 신발에 몸담고 바삐 살았으나, 후반전은 내가 선택한 빨간 샌들을 신고 따스한 가을 햇살을 받으며 나만의 오솔길을 걷고 싶다. 마지막 후반전 경기를 어느 곳에서 펼쳐야 할지 결정을 못한 채 무거워져 가는 엉덩이는 떠나지도 못하고, 포기도 못한 채 하루가 가고 또 일 년이 지난다.

흔들리는 돛

초판 1쇄 인쇄 | 2021년 11월 01일
지은이 | 한나 안
삽화 | Jamie Ro(딸)
Senior Concept Artist in USA
펴낸이 | 이재욱(필명:이승훈)
펴낸곳 | 해드림출판사
주 소 | 서울 영등포구 경인로82길 3-4(문래동1가 39)
센터플러스빌딩 1004호(07371)
전 화 | 02-2612-5552
팩 스 | 02-2688-5568
E-mail | jlee5059@hanmail.net

등록번호 제2013-000076
등록일자 2008년 9월 29일

ISBN 979-11-5634-477-3